华中科技大学
材料科学与工程学院校友访谈录

李 毅　李 冲　蒋文海　主编

中国·武汉

图书在版编目(CIP)数据

卓越材料人：华中科技大学材料科学与工程学院校友访谈录 / 李毅，李冲，蒋文海主编. -- 武汉：华中科技大学出版社，2024.9. -- ISBN 978-7-5680-5508-6

Ⅰ. K820.7

中国国家版本馆 CIP 数据核字第 2024DX8942 号

卓越材料人——华中科技大学材料科学与工程学院校友访谈录
Zhuoyue Cailiaoren —— Huazhong Keji Daxue Cailiao Kexue yu Gongcheng Xueyuan Xiaoyou Fangtanlu

李毅　李冲　蒋文海　主编

策划编辑：杨　静　饶　静	
责任编辑：田金麟	
封面设计：琥珀视觉	
责任校对：王亚钦	
责任监印：朱　玢	
出版发行：华中科技大学出版社（中国•武汉）	电话：(027) 81321913
武汉市东湖新技术开发区华工科技园	邮编：430223
录　　排：孙雅丽	
印　　刷：湖北新华印务有限公司	
开　　本：710mm×1000mm　1/16	
印　　张：14.5	
字　　数：187千字	
版　　次：2024年9月第1版第1次印刷	
定　　价：68.00元	

本书若有印装质量问题，请向出版社营销中心调换
全国免费服务热线：400-6679-118　竭诚为您服务
版权所有　侵权必究

编 委 会

主　编：李　毅　李　冲　蒋文海
副主编：孙　伟　潘庆玲　黄　娟
编　委：曹　彪　王　曦　岳天宇
　　　　　刘子灵　吴秋凤　徐启煜
　　　　　胡练羽

目录

001 | 兴趣引领，追求极致
　　　　——材料科学与工程学院优秀校友梅绍华专访

013 | 寒石淬火，铸剑成材
　　　　——材料科学与工程学院优秀校友曹腊梅专访

027 | 书写无愧时代的青春华章
　　　　——材料科学与工程学院优秀校友张运军专访

039 | 扬帆把舵，材料强国
　　　　——材料科学与工程学院优秀校友高昊江专访

051 | 攀登科技高峰，建设航空强国
　　　　——材料科学与工程学院优秀校友黄建科专访

063 | "冯"起云涌，"仪"往无前
　　　　——材料科学与工程学院优秀校友冯仪专访

075 | "陆"远迢迢，扶摇直上
　　　　——材料科学与工程学院优秀校友杨上陆专访

087 | 热爱抵岁月，山海"易"可平
　　　　——材料科学与工程学院优秀校友易平专访

097 | 吾将上下而求索，"方"得始终
　　——材料科学与工程学院优秀校友方方专访

109 | 君子以言有物，而行有恒
　　——材料科学与工程学院优秀校友王金波专访

123 | 匠心以恒，"明"志笃行
　　——材料科学与工程学院优秀校友王泽明专访

135 | "承"星履草，"继"往开来
　　——材料科学与工程学院优秀校友阎继承专访

149 | "志"存高远，功不唐捐
　　——材料科学与工程学院优秀校友徐志军专访

159 | 实业兴邦，材料强国
　　——材料科学与工程学院优秀校友易梓琦专访

171 | "研"之凿凿，"行"之灼灼
　　——材料科学与工程学院优秀校友庞全全专访

183 | 不为繁华易素心
　　——材料科学与工程学院优秀校友孙红梅专访

195 | "涛"澜壮志，"锦"程万里
　　——材料科学与工程学院优秀校友孟锦涛专访

209 | "陈"心科研，勇"丹"使命
　　——材料科学与工程学院优秀校友陈丹专访

兴趣引领，追求极致

——材料科学与工程学院优秀校友梅绍华专访

梅绍华，1989年毕业于华中工学院①机械工程二系（华中科技大学材料科学与工程学院前身）铸造专业，获得工学硕士学位，曾任校记者团的首任团长。毕业后，他考入中国日报社，任总编室秘书。1991年，他被调入国务院举办的《经济日报》，曾任头版发稿人、主编，特刊部常务副主任，后成为《经济》杂志总编辑和《经济日报》著名专栏"特别报道"的主持人，以及证券日报社的副社长。现任北京汉飞航空科技有限公司（简称汉飞）的总经理。

从新闻从业者到企业家，从获评过全国优秀新闻作品最高奖"中国新闻奖"，到攻克新型航空发动机核心部件单晶涡轮叶片的数字化、智能化加工制造技术，他在不同的领域熠熠生辉，做出了璀璨的成绩。

他就是梅绍华。

---

① 华中工学院于1988年更名为华中理工大学。2000年,原华中理工大学、同济医科大学、武汉城市建设学院合并组建成华中科技大学（简称华科大）。

探索兴趣，启航理想

1982年7月，梅绍华从湖北蕲春县第一高级中学高中毕业。彼时，高三班主任彭爱华老师出色的教学水平给梅绍华留下了深刻的印象。在她的言传身教下，梅绍华觉得老师毕业的华中工学院是一个学习风气好、学生基本功扎实的学校。因此，梅绍华在填高考志愿时第一个就填了华中工学院。在18岁的梅绍华眼里，机械是一个神奇而有趣的学科，于是他报名了机械工程二系（后简称机二系）并被录取到铸造专业，即现在的材料科学与工程学院的材料专业。

因为喜欢写作，进入学校后不久，梅绍华便在机二系当起了通讯员，向华中工学院校报和校广播台投稿报道机二系的新闻。他对通讯员这份工作特别热心、主动，取得的成绩获得了机二系领导，以及分团委领导的肯定，因此之后他又先后担任了系宣传部副部长、部长。梅绍华说："作为负责宣传的部长，能把系里的各种成绩用新闻的方式传播出去，为系里的工作做出贡献，再苦再累也值得。"每当系里的稿件被校报采用，看到机二系的新闻上了校报，梅绍华心里都是满满的成就感，美滋滋的。每天的晚上六点多，他在去往食堂吃饭的路上，若听到学校广播台广播机二系的新闻时，总是会驻足仔细聆听。在他的印象里，当时校报每个月都会对院系的来稿数量进行排名，机二系被选用的稿件数量的排名一直比较靠前。除了记录校内新闻，梅绍华也积极参与了校外的新闻实践活动。在校期间他也向湖北人民广播电台投递过一些稿件，大部分都被采用了。

虽然做宣传方面的工作花费了不少时间，但梅绍华从未在学业上懈怠过，总是自习到很晚，他的学习成绩一直名列前茅。1986年本科毕业前夕，成绩优异的梅绍华被免试推荐至本系本专业继续深造读研。

1988年9月，已经担任学校研究生会副主席的梅绍华，接到了一个新任务。有一天，负责联系通信报道的研究生会宣传部部长黄汉平来到他的宿舍，说学校的宣传部和校报领导想成立记者团，为校报写稿和办新闻内参。由于是新生事物，领导们想找一个年龄大些、经验丰富的人来筹办，经过筛选，最终学校的宣传部和校报选上了正在读研的梅绍华。于是，在学校领导的关心下，在宣传部和校报领导的帮助下，华中科技大学记者团成立了。作为校记者团的首任团长，梅绍华和其他成员起草记者团章程并在校内四处奔波采访，完成校园新闻，当时使用电脑写稿的写作方式还不普及，记者团章程和新闻稿件都是他一笔一画手写下来的。除了撰写学校新闻，梅绍华和其他成员还一起举办了舞会、外出参访交流和沙龙等一系列活动，扩大了记者团在校内的影响；编辑出版了若干期生动活泼的内参，得到了校领导的充分肯定。据校报记载，1988年年底，梅绍华领导的记者团还受到了来自湖北省委高校工委宣传处的表扬。华中科技大学记者团为他带来了许多收获和个人成长，如在记者团学到的采访技巧和写作方法，交到的很多朋友和培养出的沟通能力和表达能力。除此之外，在校期间的新闻实践也成了他新闻理想的起点。

以笔为媒，追求真相

梅绍华在读研期间，寝室里有学校订的《长江日报》《中国日报》《参考消息》等报纸。在了解到《中国日报》在国外设有十几个记者站后，梅绍华心里萌生了从事英文新闻工作的念头，希望自己能通过这份工作"到处走走，开阔国际视野"。

为了能考入中国日报社工作，梅绍华从图书馆借了一本英语新闻写作教材自学。1988年，进入研究生求职阶段的梅绍华向中国日报社总编辑写了一封热情洋溢的自荐求职信，他在信中表达了自己作为一名工科生想要从事英文新闻工作的梦想，并介绍了自己在华中工学院创办大学生记者团并担任第一任团长的经历和成绩。最初，中国日报社人事部回信说他的专业与新闻行业相差太远。但经他努力说服，最终打动了中国日报社的领导，获得了参加考试的机会。凭借良好的英文功底以及沟通能力，梅绍华最终考入了中国日报社，被分配到中国日报社总编室，担任总编辑秘书的工作。

1992年，随着市场经济浪潮的兴起，梅绍华敏锐捕捉到未来市场经济新闻报道工作将大有可为。随后，他被调到经济日报社总编室工作。《经济日报》是以经济报道为主的中央党报，是党中央、国务院指导全国经济工作的重要舆论阵地。在经济日报社总编室工作期间，梅绍华负责《经济日报》头版的编辑工作，创办了深度新闻专栏《特别报道》，在头版和第二版国内新闻版突出位置刊登热点新闻深度报道。这个栏目深受广大读者喜爱，多次在读者评比中名列报社各专栏前列。

在《经济日报》工作期间，由于工作出色，梅绍华获得了许多荣誉和奖项。1998年5月，他被中共中央直属机关评为"中直机关青年岗位能手"。1999年6月，他被共青团中央等评为"全国青年岗位能手"。1999年5月4日，他被中共中央直属机关评为"中直机关十大杰出青年"。1999年11月，梅绍华主持和创办的《经济日报》"特别报道"专栏被中华全国新闻工作者协会（简称中国记协）评为首届"中国新闻名专栏奖"，这是中国记协主办的全国综合性优秀新闻专栏最高奖。他所撰写的报道《生猪流通不能走统死的老路——关于广西湖南湖北生猪流通的调查》被农业农村部和全国记协评为中国农业好新闻一等奖。1997年，在特刊部工作期间，梅绍华独家策划和撰写了许多有影响力的报道，有些报道产生了重大影响。他还多次获得报社的各种奖励。

2003年2月26日，梅绍华与王志多策划并撰写的独家稿件《雷锋生前唯一录音是这样发现的》系列报道见报。这篇报道于2004年获得了中国新闻奖三等奖，被相关高层领导评价为"宣传雷锋精神有声有色的报道"。为了完成这篇报道，梅绍华和王志多通过艰苦的寻找，终于找到了居住在辽阳、当年邀请雷锋到辽宁省实验中学做报告并安排人员进行录音的历史见证人、已72岁的原辽宁省实验中学的校长李人仆。通过采访老校长，梅绍华和王志多了解到雷锋曾于1961年到这所学校演讲，学校当时安排了两位工作人员将演讲录音了。在一番艰辛的寻找后，这盘珍贵的录音带最终在学校的校史馆内找到了。梅绍华说："作为一个新闻工作者，我能把录音带找到，并整理出来，把一个真实的、有血有肉的雷锋在世人面前呈现出来，觉得非常有意义。"

除此之外，梅绍华与姜波主任共同创办的《经济日报》"今日视点""好望角"栏目多次被读者和报社评为最受欢迎的专版和专栏之一。

2012年，梅绍华被调到证券日报社并担任副社长。《证券日报》是证监会指定上市公司信息披露的报纸之一。在此期间，他与证券日报社社长谢镇江一起，撰写了几篇推动和引领中国股市发展的重磅文章。《证券日报》在头版头条刊登过的《五类旧条例 捆住十万亿——对我国巨量资金进入股市实现资本增值的改革建议》《3.1万亿养老金为何入不了股市——对我国巨量资金进入股市实现资本增值的改革建议连续报道之二》《4万亿住房公积金和维修基金正躺着缩水——对我国巨量资金进入股市实现资本增值的改革建议连续报道之三》三篇深度报道，分析了中国股市大盘多年来长期低迷的原因，并对症下药，就提振中国股市提出了具有可行性、易操作、风险小、多方赢的改革建议。这三篇报道在读者中引起了巨大反响，有力地推动了我国股市的健康发展。

梅绍华参加第九届中国新闻奖首届中国新闻名专栏奖颁奖会

勇于挑战，攻坚克难

2016年，梅绍华辞去证券日报社副社长职务，和几个朋友创办了北京汉飞航空科技有限公司，并担任总经理。虽然他在毕业以后一直从事的是新闻工作，但由于本科和硕士期间所学的专业都是工科，具有家国情怀的他立志回归本行，愿意献身于我国当下急需攻克的技术短板之一——航空发动机事业。

航空发动机制造技术被称为"工业之花""制造业的皇冠"。航空发动机最核心的部件为高温、高压、高转速极端状态下的工作部件——涡轮叶片，新一代航空发动机所使用的单晶涡轮叶片制造技术则被称为"皇冠上的明珠"，世界上只有极少数国家拥有单晶涡轮叶片数字化、智能化加工制造技术。航空发动机技术是一个国家战略性的、高端的、高精尖的产品，长期以来，西方国家对我国航空发动机技术实行技术封锁、设备禁运等"卡脖子"政策。因而，单晶涡轮叶片高质量、高效率、高成品率、高一致性加工、大批量加工制造成为制约我国新一代航空发动机批量生产的瓶颈。

作为北京汉飞航空科技有限公司总经理，梅绍华敬业奉献，想国家之所想，急航空行业之所急，充分发挥民营企业家勇于担当、甘于奉献的精神。他作为总经理，在董事长的领导下，率领团队攻坚克难，自筹巨额资金投入研发国家急需攻克的核心技术，大胆创新，默默奉献。2020年12月，汉飞技术团队因攻克重大关键核心技术被中国共产党北京市委员会、北京市政府授予"北京市模范集体"荣誉称号。

经过多年的努力,汉飞终于在我国率先攻克了航空发动机核心部件单晶涡轮叶片数字化、智能化加工制造技术,研发并建成了我国第一条航空发动机核心部件单晶涡轮叶片数字化、网络化、智能化加工制造生产线。

汉飞自己研制的航空发动机涡轮叶片数字化加工制造生产线(一)

汉飞自己研制的航空发动机涡轮叶片数字化加工制造生产线(二)

2023年,汉飞投资近2亿元建成了拥有200多台先进设备、目前我国技术最先进、规模最大的航空发动机核心部件单晶涡轮叶片数字化、网络化、智能化电加工中心和无人制造工厂。它是目前我国技术最先进

（第一个用工业软件驱动200多台设备、第一个用数字孪生方法制造）、规模最大（拥有近200多台电加工设备，为国内同行最多）的涡轮叶片电加工中心和数智化工厂。对于这些技术和装备，汉飞拥有完全自主知识产权和自主可控。这条国际领先的智能生产线已成功地为我国多个新型号航空发动机和燃气轮机的涡轮叶片进行了大批量、高质量、高效率、高成品率、高一致性的加工制造，受到有关单位的好评。

梅绍华代表公司出席北京市劳动模范、先进工作者和人民满意的公务员表彰大会

从工科学生到新闻从业者，再到企业家，"喜欢挑战自己、永远保持兴趣、激情和探索"是梅绍华认为自己能成功的很重要的一点。在中国日报社时，他总是不断对比自己和外国人在英语新闻用词上的区别，在遇到同一表达，却不同用词的情况时，他会问自己"外国人为什么用

这个词？"直到自己完全掌握外国人使用的那个词的用法，从而不断提升自己的英语新闻写作水平。在进入经济日报社后，他也不断自学经济学知识，"党报用词要非常精准，当主编要给人改稿，自己一定得懂这些"。不断自学已经成了他的习惯。在华中工学院学习期间，基础理论课对他扩大知识面、掌握分析问题、解决问题的方法有极大帮助，梅绍华认为这一点复制到工作上也可以行得通。在离开媒体行业后，工科背景让他在创办经营企业时有了更多优势。

在谈及对材料专业的看法时，梅绍华认为，材料科学，特别是航空材料、复合材料、储能材料、半导体材料等新型材料领域未来大有可为，特别是将数字化、网络化、智能化的新技术应用于材料领域的研究、制备和加工制造方向的前景很广阔。希望同学们不仅要学好基础理论课和专业课程，更重要的是还要学习和掌握研究问题、解决问题的方法和能力，这样才能适应社会，才能做出更大的成就。他坦言道，"敢于挑战、专一专业、定位角色、永葆激情、干到极致"是自己干事创业的信念。他相信保持终身学习的干劲和精神是做任何工作都能取得成功的关键。

寒石淬火，铸剑成材

——材料科学与工程学院优秀校友曹腊梅专访

曹腊梅，1982年考入华中工学院机械工程二系（简称机二系）铸造专业进行本科学习，1986年获得工学学士学位，1989年在太原重型机械学院（2004年更名为太原科技大学）获得工学硕士学位，1989年入职航空航天部北京航空材料研究所（现名中国航发北京航空材料研究院，简称北京航空材料研究院）从事科研工作至今。2000年9月，她获聘中国航空工业集团（简称中航工业）旗下的北京航空材料研究院研究员（教授）。现任中航工业首席技术专家、中国航空发动机集团有限公司（简称中国航发）知名技术专家。历任北京航空材料研究院先进高温结构材料国家重点实验室技术委员会主任、超高温结构材料研究中心主任。

她从事高温/超高温结构材料与复杂涡轮叶片精确制备技术的科学研究30余年，取得了一系列科技成果和荣誉。曹腊梅获得过多项科技成果，她在1999年获得了航空航天部科技进步二等奖、2006年获得国防科技进步二等奖，2007年获国防科技进步三等奖，2017年获国防科学技术发明二等奖，2018年获中国航发科学技术发明一等奖，授权发明专利40余项，合作出版了两部专著，发表了数十篇科技论文。她还曾获得1999年度与2000年度的"全国青年百佳岗位能手"、2001年度中航工业"航空报国女杰"荣誉称号、2001年度"全国国防科技工业系统劳动模范"、2008年度"全国巾帼建功标兵"等荣誉称号。

蓄势待发，初探铸造之路

1982年，曹腊梅迈入了华中工学院机二系铸造专业的大门，如今已经过去了四十二个秋冬。时光匆匆，曹腊梅感慨："成为华科大的一员迄今已四十年有余，每当回忆起往事，心中总是充满自豪。"

回想起四十二年前收到录取通知书的情景，曹腊梅的心中还是泛起不小的波澜。从中学时起，她就对化学和物理这两门学科表现出浓厚的兴趣。在填报高考志愿时，为了有机会进入华中工学院，她自然而然地勾选了服从分配这个选项。"当接到华中工学院的录取通知书时，我真是如同范进中举般激动。"曹腊梅说，"我当初的第一志愿是固体力学专业，尽管对这个专业不是十分了解，但当时的我隐隐约约觉得这个专业很'高大上'。不过看到我最后被录取的专业是'机二系铸造专业'，真的愣住了。那时我只知道'铸造'就是'翻砂'，是典型的重体力蓝领专业。说实话，我当时内心还是有点失落的。"

曹腊梅的六叔是一位毕业于华中师范大学的工农兵大学生，毕业后他一直在中学当老师。他对她解释，"铸造"集合了有机类和无机类、非金属类和金属类的几乎所有材料，通过严格而复杂的控制手段实现复杂结构件的精准成型，是一个极具挑战性的综合性的应用科学与工程专业。六叔很形象地说道："'铸造'在民族和国家发展中扮演着重要的角色，是我们立足于世界舞台的'基石'，'铸民族之魂'的说法就是由此而来。"

"然而，我对铸造专业仍疑虑重重，很是忐忑不安，勉强接受了这个事实。直到进入华中工学院的第一个学期,我才开始初步了解铸造的本质。"回忆起自己与"铸造"的缘起,曹腊梅说道:"不承想,四十多年过去了,我依然在航空航天领域专注关键的高温/超高温结构材料和制造技术攻关。看到我参与研究的成果一个个飞向蓝天、飞向太空、驶向深海,内心满满的欢喜!"

当时的华中工学院是中华人民共和国成立后组建的第一批新型重点大学,学校办学目标明确、起点高、要求严、学风正,汇聚了国内著名大学教授和归国英才学者,为学校理、工、农、医、文、法、经管全方位发展奠定了坚实的基础,致力于培养国家急需的工程师人才。"华科大有如今的成就,朱九思老校长功不可没。"曹腊梅感叹道。

曹腊梅的生活照(一)

改革开放初期，新思潮来势汹涌。为了培养学生树立正确的理想信念，学校在寒暑假期间会免费向学生发放一些书，要求学生利用假期好好读书和进行社会实践。"我记得学校那时候发了《从鸦片战争到五四运动》《傅雷家书》等书籍，书中一些段落让我记忆犹新。此外，那时候没有电视、没有手机，娱乐的方式除了学院和学校组织的秋游、运动会外，家里有条件的同学会买一个半导体收音机，听一听小说。我们宿舍的人睡前大多都是听着广播剧和小说进入梦乡的，《简·爱》《人生》《青春之歌》……我们都是反复地听。"曹腊梅说道，"曾经读过的那些书现在都成了我们人生的养分。'学在华科大'是一种很真实的写照。我们平时在学校，就是宿舍、教室、食堂三点一线。华中工学院的一大景观就是学生吃饭都是从食堂到宿舍的路上边走边吃。"

"还有我们班的班主任老师，就像一个大家长一样，不仅管我们的学习和锻炼，要是哪位学生生活有困难还帮助他争取学校的补助。"回忆曾经的大学生活，曹腊梅感慨万千，"大学四年，我们不仅掌握了专业知识，学校和老师还教会了我们做人、做事。"

曹腊梅初入校园时对铸造专业的疑虑逐渐被时间抚平，她的心灵也在这片土地上得以滋养和成长。在那个没有电视、没有手机的年代，书籍成为她的良师益友，华中工学院的老师们如同家人一般给予了她温暖与关怀。这段珍贵的岁月，永远在她的记忆里熠熠生辉，为她的人生铸就了坚实的基石。

勇担使命，开启科研征途

当时，华中工学院铸造专业的造型材料方向在国内的大学院校中名列前茅。但这个专业录取的大部分学生对此鲜少有了解，开学第一课，指导老师向大家详细地介绍了这个专业：造型材料是解决金属铸造成型和工艺的问题，涉及金属、非金属、无机、有机化学和制造工艺与控型控性多学科交叉集成的综合技术，学科领域很宽，未来工作适应面广。"通过老师生动的介绍，我们对这个并不怎么热门的学科产生了浓厚的兴趣。"曹腊梅说，"而且实际上，在华中工学院学到的科学基础知识使我未来几十年都受益无穷。"

曹腊梅当时在王文清教授、曹文龙教授、黄乃瑜教授和谢东济老师的指导下开展毕业设计。那时候学校的教授并不多，但他们在指导本科生毕业设计时都亲力亲为，毫不含糊，几乎每天都要到实验室和同学们交流研究方法和实验结果。曹腊梅回忆道："我还记得老师们常说，大学就是教给你们一个学习和研究工作的方法，要想在研究道路上走得更远，那就需要继续深造，攻读研究生。"华中工学院的教授们不仅传授了她学问的精髓，更启迪了她对于科研探索的追求，成为她学术道路上的重要指引。然而，当时华中工学院的研究生名额十分有限。幸运的是，曹腊梅凭借着她的聪慧和勤奋，在王文清教授和曹文龙教授的推荐下，有机会跨校前往太原重型机械学院攻读研究生。而曹文龙教授还亲自陪同她前往学校。曹腊梅的感激之情溢于言表，"老师们对我的关怀，让我至今回忆起来还是备感幸福。"

曹腊梅与俄罗斯专家合作交流

20世纪80年代初,改革开放如春天的脚步催人奋进。1977年我国恢复高考,国家号召百万学子为我国科学技术的发展贡献力量;1978年,邓小平同志在中央工作会议闭幕会上提出了名为《解放思想,实事求是,团结一致向前看》的讲话,指明改革开放的大方向;1979年,中共中央决定创办经济特区,深圳提出了"时间就是金钱,效率就是生命"的口号;1980年,四大经济特区诞生了。那是一个热血沸腾的年代,各行各业都鼓足干劲、珍惜时间,人们常常挂在嘴边的话就是"一定要把失去的时间夺回来"。

研究生在那时更是供不应求。曹腊梅毕业时,一个研究生有十几个单位可以选择,她回忆道:"当时北京航空材料研究院的招聘老师说,他们是国家'一五'计划的156个重点建设项目之一,航空材料代表着材料应用领域的尖端科学，而他们所从事的专业是航空发动机涡轮叶片制造技术研究工作，涉及材料和制造的交叉学科。"这番话深深地触动了曹腊梅的内心。她入职后通过单位培训得知，钱学森是中国航天之父，而师昌绪是中国涡轮空心叶片的创始人，中国航空发动机在世界上远远落后，制约技术发展的瓶颈就在叶片。这激发了她的研究兴趣。

进入研究室后，曹腊梅发现过去只在课本和文献上看过的知识，如定向凝固和涡轮叶片制备的设备、工艺和材料都真切地呈现在自己的眼前。在同一个实验室工作的专家以及前辈们都毫无保留地向曹腊梅介绍情况，共同进行试验和研究。曹腊梅充满希望地说："我内心对航空发动机涡轮叶片研究充满了兴趣、对技术研发突破满怀着希望。"这个时代带来的激情和使命感，驱使着曹腊梅全身心投入科研攻坚的崇高事业中。

破云翻浪，执着攻克难关

自加入北京航空材料研究院以来，曹腊梅三十余年一直根植于科研第一线，获得过"全国青年百佳岗位能手""全国国防科技工业系统劳动模范""全国巾帼建功标兵"等荣誉。在科研工作中，她也遇到过挫折和艰难。然而，她始终努力克服困难，取得的突破性成果为我国航空技术的进步带来了里程碑式的重大改变。

"我们赶上了一个幸运的时代，有机会跟非常优秀的科学家一起工作，见证了中国航空工业从维修仿制到自主创新的过程。如果说我获得了一些荣誉，也应当将这些荣誉归功于在这个领域奋斗的几代航空人。"

曹腊梅谦虚地说。

曹腊梅参加工作后遇到的第一道难关，就是定向空心叶片制造合格率低的难题。有时候任务越紧迫、合格率越低，她不畏艰难、全情投入。曹腊梅入职不久，便接任了重点项目"单晶空心叶片用陶瓷型芯研究"任务的课题组组长。面对着复杂结构型芯成型困难和高温性能低的挑战，她深知这项任务的重要性，投入了大量的时间和精力进行研究。与老专家和年轻成员一起，他们展开了大量的实验工作。他们不断进行陶瓷型芯材料、成型工艺和质量控制方法的反复实验和验证，克服了复杂型芯成型过程中的困难，提高了成型质量和效率。他们顺利完成了国家任务，并且为后续科研和型号研制建立了型芯研究的技术体系。

曹腊梅在国内做学术报告

后来，曹腊梅又牵头承接了新型单晶空心无余量叶片制造技术研究项目组组长的任务，在更高成型温度和使用温度、更复杂的叶片结构条件下，通过十余年多个专业的联合攻关，攻克了型芯、型壳、模具、冶炼、凝固、脱芯、检测等技术关键和相互匹配的难题，实现温度场、应力场、流场多场耦合复杂工况条件下单晶复杂产品的制造，圆满完成了科研任务，取得了重要的科学成果，并在新型装备上得到应用。曹腊梅组织研发的新一代单晶合金及其单晶多层复杂结构超冷涡轮叶片精确制备技术，实现了技术的跨越式发展，为新型装备研制提供了强有力的技术支撑。

攻克难关的过程对曹腊梅来说充满了挑战和困难，但凭借着执着的精神、持续的学习和实践，她最终取得了辉煌的成就。曹腊梅的精神也成了科研领域的榜样和启示，激励着更多的研究人员在面对科研难题时坚持不懈、追求卓越，为材料科学的发展、国家科技的进步贡献自己的智慧与力量。

砥砺前行，创科技新纪元

当前航空发动机国际、国内发展形势如何？存在哪些亟待解决的"卡脖子"技术难题？材料在其中扮演着怎样的角色？这些都是曹腊梅团队正在探索解决的问题。"这是我们团队经常讨论的话题。突破'卡脖子'技术难题，概括起来需要坚持一个中心、两个基本点。坚持一个中心，就是要持续创新引领，不断探索新领域、开辟新途径、推向新阶段、实现新应用，仿造是无法超越别人的。坚持两个基本点，一个就是技术开发要始终面向应用，持续提高材料和制造技术的成熟度，持续提高装备的质量、寿命和可靠性；另一个基本点，就是始终坚持培育人才并不断补充新鲜血液，不断吸纳国内外的先进理念、边缘科学、技术思想等智力成果，使我们的事业能够高质量可持续地发展。"曹腊梅说。

曹腊梅作为中航工业首席技术专家，中国航发的知名技术专家，常常会面对许多材料、制备与应用技术难题的挑战。

在国际上，先进航空发动机的特征参数是高的推重比和功重比，就是要追求更高的推力和更轻的重量。更高的推力要求涡轮前进口温度更高，这对涡轮叶片和其他高温部件的材料提出了更高的要求。

更轻的重量代表着更轻质的材料，如金属间化合物材料、陶瓷材料、碳/碳复合材料、陶瓷基复合材料等等。然而，仅仅依靠新材料技术的突破是不够的，高温材料部件的制造技术也是关键所在。曹腊梅意识到，单晶工艺、粉末制坯工艺和3D打印工艺等新技术在高温材料制造中具有巨大的潜力，这些新工艺的广泛应用将为航空发动机技术的发展开辟新的道路。国际知名航空专家达成了共识，认为下一代航空发动机的发展在很大程度会依赖新材料技术的突破。一旦突破这一技术难关，将会彻底改变现有飞行器的性能极限，为人类探索空间提供更加便捷的工具。

曹腊梅对攻克这个技术难题充满信心。她带领着一支充满激情和创造力的团队，致力于推动航空发动机技术的进步。她深信，只要努力不懈地追求创新，攻克关键材料与制备技术难题只是时间的问题。

在三十余年的工作过程中，曹腊梅获得过很多荣誉称号。面对这些荣誉，曹腊梅谦虚地表示这些荣誉属于整个团队的共同努力，个人只是其中的一部分。"其实，我比较喜欢'劳动模范'这个称号。我觉得自己不够聪明，但可以多花一些时间弥补自己的短板，只要功夫深，铁杵磨成针。"她说，"攻坚克难需要耐得住寂寞、经得起折腾、耐得住批评、经得起表扬。有时候表扬并不代表你已经做得很好了，也许是组织和领导对你未来的期望。"

行远自迩，冀望薪火相承

生物、化学、环境和材料领域被视为未来最富创新活力的领域，将催生更多专注于细微差异和开拓领先的企业家和科学家。材料作为基础，几乎是所有科技领域的敲门砖。"我的同学中有世界知名的经济学家、中国知名记者、功成名就的学者、企业家和军人等，与他们交流时，他们都会说，大学的材料学科给予了他们无穷无尽的力量。"曹腊梅说，"学材料、干材料是专才，学材料、干其他行业有可能成为全才和大才。学好材料，走遍天下。"

热血激荡，铸造国家壮丽华章；砥砺奋进，炼就民族永恒辉煌。曹腊梅寄语材料学子，"我们学校历来有很好的学风，在高等教育界享有盛誉。材料科学与工程学院是华中科技大学创始学院之一，曾经培养出一批又一批英才。只要我们坚持'为党育人、为国育才'的教育方针，坚持德才兼备的培养目标，坚持与广大校友紧密联系和互相成就，就一定会造就出一批又一批'学校以我为荣，我以学校为荣'的、合格的祖国建设者。"

曹腊梅的生活照（二）

书写无愧时代的青春华章

——材料科学与工程学院优秀校友张运军专访

张运军，1987年毕业于华中工学院机械二系锻压专业，毕业后，他就进入了湖北三环锻造有限公司（后简称三环锻造）工作至今。三十六年匆匆过，他不负韶华不负己，把一间农机配件小作坊发展成全球知名的中重型商用车转向节生产基地，成为梅赛德斯-奔驰全球优秀供应商。他自己也从一名普通大学生成长为正高级工程师，全国优秀企业家，湖北三环锻造有限公司党委书记、董事长、总经理。

三环锻造作为一家采用模锻工艺生产钢质模锻件和有色金属模锻件的专业化企业，是国家技术创新示范企业、制造业单项冠军产品生产企业、智能制造示范工厂、工业产品绿色设计示范、工业质量标杆、绿色工厂……

金灿灿的荣誉，见证着张运军和他的团队筚路蓝缕、开拓创新的发展历程，更见证了他对专业的执着、热爱及创业路上逐梦前行的使命和担当。

将"明德厚学,求是创新"镌刻进青春岁月

大学是仰望星空的精神圣地,是先进文化的发源地,是人类文明的"反应堆"。

张运军的求学经历一直都很顺利,他一直遵从自己内心的选择,似乎遇到的每个转折点都是最好的安排。在华中工学院度过的青春岁月,为他那绚烂的人生奠定了坚实的基础。

提及校园生活,张运军说:"学校当时用牛皮纸做的饭票给我留下了深刻的印象。我们专业的饭票比其他专业的要多7斤,因为锻压专业时常要进行体力劳动,所以多一些。"

和大多数同学一样,张运军初入校园的印象是"学院实在太大了,以至于他多次迷路"。当时的学校,对他来说,就像一座小城市,学校里所有的事物都让他感到新奇。在电视还未普及的年代,他们能在寝室内看电视,还能在学校里看露天电影。学院的各种资源给他提供了安心学习、用心思考的机会。

如今,"学在华科大"是众多青年学子对这所学校的共识,当年的华中工学院,亦是如此。华中工学院学风严谨,上课之余,学生们大多在图书馆里学习。学在华中工学院,学生们学的都是实打实的真知识。

张运军在学习上从不懈怠,他印象最深的课程是机械制图、金属材料与热处理。

"机械制图需我们具备一定的空间想象力。"张运军说:"刚开始上

机械制图课时，我是一头雾水，无从下笔。"而金属材料与热处理这门课也给他带来了不小的挑战。他直言："金属材料与热处理是我在图书馆里自学了教材才算入了门。"在日复一日的努力中，他掌握了扎实专业的理论基础，培养了严谨求知的探索精神。

学院的老师也给张运军留下了深刻的印象。张运军说："教液压传动课的何永标老师，教锻压工艺课的黄早文老师、夏巨谌老师，教锻压设备课的蒋希贤老师，都让我印象深刻。当时老师们上课使用的基本都是手写的讲稿，就是直接传授他们的理论知识点。我们根据老师的讲稿，认真学习、记笔记，而学校发的教材都是课余自学。"

"明德厚学，求是创新"的校训，张运军一直铭记于心。当时朱九思校长就高瞻远瞩地强调创新的重要性，如今三十年过去了，时时处处都能感受到学校重视创新发展的强劲动力，张运军感叹道："这种动力是别的经历给不了的，是学校刻在我们骨子里的。"

弘扬新时代"铁匠精神"，在锻造领域逐梦前行

1987年，作为一名大学生，个人档案还是归属地方组织部按干部管理，自豪的同时更多的是一种责任。在张运军刚进入三环锻造时，工厂里没有先进设备，没有人才支撑，可是企业要生存、要发展，困难重重，张运军在那时就意识到自己身上的担子有多重。

张运军努力把自己大学所学的知识和技术转化为生产力，帮助企业节约生产成本，提高生产效率。张运军说："在当时异常困难的情况下，

我为什么还愿意干？第一，学习了理论知识，学有所长。第二，工人们根本不明白什么是锻造，加热要多少温度？怎么设计模具？这些基本原理他们都不清楚。作为一名锻压专业的大学生，到了企业我就要挑起担子。"

当时企业没有锻造切边设备，采用气割的方式去除锻造飞边，制造产品的成本高、效率低，产品的品质差。张运军利用所学，创新地在空气锤下放一底座，然后按照产品形状反过来加工一个切边型腔，进而利用空气锤去除飞边。同事们纷纷感叹，原来还能这样处理，而张运军说，原本就应该是这样。大学期间学习积累的知识有了用武之地，张运军在公司里大展拳脚，在实践中不断汲取经验，提升自己。张运军的出现，让同事们眼前一亮，他带来的不仅有专业技术，还有敢于创新的意识和自信。

张运军担任车间主任时，既管技术，又管生产。当时员工不懂生产，他亲自传授锻压工艺和技术，企业的关键核心产品都是由他设计并组织生产的。他原创的转向节劈挤锻造工艺，目前仍有很多企业在生产线上应用。三环锻造的主导产品市场占有率高达70%；海外客户有德国梅赛德斯－奔驰、荷兰达夫、美国美驰、瑞典沃尔沃等16家跨国企业，年出口创汇5000万美元以上，真正做到了"迎着晨光实干，闯出了一片天"。

然而，前进的道路并非一帆风顺。创业初期，缺资金、缺资源、缺人才，很多张运军的合理设计不能很好地转化成实际应用，他就手把手教工人操作。在没有设备的情况下，他因地制宜想办法解决。20世纪90年代，三环锻造为东风公司定向研发的一款重型车免维护转向节，理论测算实践生产需要一台万吨级锻压设备，但三环锻造只有几台原俄罗斯的第一代模锻锤，新购设备不仅价格昂贵，而且运输、安装、调试周期长。为抢占商机，满足客户需求，他想出一个办法，把两台模锻锤设备巧妙组合，通过不断优化锻造工艺、改进生产方式、协同设备联动，最终完成了新产品批量生产的任务。的确，没有一蹴而就的成功，成功的花儿总是绽放在无数的巧思上。

张运军说："在我眼里，锻造就像揉面一样，通过塑性变形把钢铁变成我们想要的任何形状，锻造产品就像是制作一件件艺术品，打铁的同时，也把机械加工的活都干了（精密锻造）。"长期"打铁"，张运军也感受到了别样的乐趣。在他眼里，"打铁"的撞击声是一种音乐，像那些旋律欢快的乐曲一样活泼、节奏感强，这种心态折射出了三环锻造"铁匠"们快乐的劳动心情和对生活充满信心的状态。

2023年4月，张运军被授予"湖北省劳动模范"荣誉称号

张运军几十年如一日热爱着锻造行业,他明白,在这个充满挑战和机遇的时代,成功之路从来都满是荆棘。在追求成功的道路上,我们一定要坚持,只要积极应对困难和挑战,就能用汗水和智慧"锻造"卓越未来。

坚持长期主义,让绿色发展更可持续

如何办好企业?张运军表示:要做到政府有税收、员工有收入、企业有发展,在三者利益上平衡,同时坚持长期主义。要把一件事情做到底,在一个领域精耕细作,做到世界一流。多年来,张运军用实际行动诠释了"天下兴亡,匹夫有责"的家国情怀,展现了"与人民同舟、与祖国共济"的使命担当。

张运军来到三环锻造后做的第一件产品就是转向节,他将自己的毕业论文成果转化为实践产品,投放市场后备受好评。三十六年来,他聚焦汽车底盘关键核心零部件,专注转向节等复杂锻件的研发制造,成为行业权威专家、产业教授。他还是正高级工程师,享受国务院政府特殊津贴。

张运军说:"长期主义,就是一种以长期目标或结果为导向的实践,它强调对长期价值的追求而非短期利益。这种思维方式要求个人、企业和整个社会在决策时要考虑长远的影响,而不是仅仅关注短期效果。它就是要求我们在一个领域里深耕。"

2018年6月,张运军代表湖北省第七届长江质量奖获奖企业分享经验

如今三环锻造制造的转向节已销往全球各地。即使现在汽车行业的风口是轻量化、新能源,但他们的核心战略产品也没有改变,他们顺应着汽车行业的发展潮流,将产品持续升级、迭代更新。张运军相信长期主义的力量,同时他也善于研究政策,带领公司顺应国家大势发展。

提到企业发展理念,张运军说:"第一,顺应发展趋势,围绕信息化、数字化和智能化转型升级,调整公司结构,一步一步走向世界。第二,顺应国家'双碳'战略部署,倡导绿色发展,把千亩厂区打造成绿色工厂、森林工厂。"

在三环锻造,厂区的树上挂满了转向节,寓意转向节也是有生命力的,不是冷冰冰的钢铁。张运军说,绿色发展理念是公司始终如一坚持的信念,公司也是行业内第一家开展产品碳足迹认证的企业。

为追求绿色生产方式,张运军坚持用先进生产工艺、智能化手段,改变传统的锻造高能耗、重污染的生产形态;搭建光伏发电设施、兴建污水处理站和废气治理设施，实现绿色锻造。三环锻造被工信部认定为"绿色工厂"。

坚持绿色发展的同时，张运军始终不忘履行社会责任。自2018年起，三环锻造就开始布局光伏发电项目，所有厂房的房顶都有太阳能电板，截至目前装机容量达到34兆瓦，年发电3400万度，年减少二氧化碳排放量2.8万吨。

厚植新质生产力，打造全球转向节行业领导品牌

发展新质生产力，不仅要突出科技创新，发展战略性新兴产业，还要超前研究未来科技，前瞻布局未来产业。三环锻造紧扣科技创新要素，锻造高质量发展新动能，为培养新质生产力注入科技内涵、夯实技术底蕴，努力打造全球转向节行业领导品牌。

创新是企业发展的灵魂。在三环锻造不断发展的过程中，华中科技大学材料科学与工程学院的科研团队起到了至关重要的作用，为三环锻造创新发展注入了第一动力。

张运军说："产教融合助力企业创新和发展在我们这里得到充分体现，目前厂里有12500吨设备就是我们黄树槐校长团队设计的。他们团队设计的设备全部在我们这里测试、使用和改进，先后已有16台系列锻压设备取代进口设备。这些设备在我们这里也成了主力，为我们减少开支9000万元，年增加销售额近3亿元。夏巨谌老师，包括现在的邓磊老师，在铝合金材料性能、锻造性能、脱模、模温控制、喷涂等很多方面

为我们提供了巨大支持。黄校长团队研发的一条生产线，是如今最大的国产生产线。还有段正澄院士团队开发设计的锥孔镗床、数字化管理模式，助力企业开发2亿元海外市场。"

为什么三环锻造的产品可以走向世界？张运军强调了材料的重要性，"要把一个武器装备做好，把一个产品做好，不把材料研究透彻是做不好的，要想将产品质量做到极致，必须研究材料。"为了确保产品的一致性和稳定性，张运军不断调整材料成分，使其优于国家标准。

2024年3月，全国政协副主席、中国科协主席万钢为张运军颁发工匠精神奖

时代正可为，青年当有为。"我们学材料的，经历的种种变化代表着国家在进步。"张运军自豪地说。在如此好的新时代，作为一名企业负责人，他更要带领全体职工踔厉奋发、接续奋斗，汇聚起建设一流企业的磅礴力量，"打铁打到全世界"。

三环锻造是转向节行业毋庸置疑的冠军，从模具设计、锻造、热处理到机械加工都有自己的生产线。"一年365天，我们每天都有价值百万元的产品出口到美国、德国、荷兰等国家。"提及材料学，张运军认为材料专业多的是学问，很多领域都值得研究，而且价值无限。对于如今的青年学者和从业者来说，这无疑是一种鼓励。

在当前的时代背景下，技术创新已经成为推动国家发展和社会进步的关键引擎。作为华中科技大学的优秀校友，张运军对学子们提出了宝贵的寄语："技术创新只有想不到，没有做不到。"这句话不仅激励着广大学子勇于探索未知领域，更呼唤着他们勇敢地面对挑战，尝试突破传统，努力创新。

张运军在工作中

张运军强调，现代社会不仅需要理论上的创新思维，更需要实践中的创新能力。他鼓励学生们要有信心、有勇气实践自己的想法，聚焦国家重大战略，加强关键领域的核心技术攻关，为实现高水平科技自立自强多做贡献。"我们现在要做的就是干得比国外好,生产的产品比国外产品的性价比更高。"这种自信和使命感激励着年轻人踏上科技创新之路,鼓励他们不仅要追赶时代的脚步,更要引领时代的发展。

在张运军看来,科学是发现,技术是发明,创新是把发明应用于实际的产品。

青年是一个国家的未来和希望。一个国家的进步离不开青年人的奋斗和努力,他们是国家进步的奠基者。广大学子不应停留在空想,要勇敢地迈出实践步伐,与时代同频共振,不断进步。

岁月如川,正需云帆高张、昼夜星驰;雄关如铁,已然红旗漫卷、号角冲天!广大青年学子要坚持以习近平新时代中国特色社会主义思想为指导,胸怀"国之大者",凝心聚力建设"更好的华科大",为实现中国式现代化添砖加瓦,为中华民族伟大复兴的中国梦谱写新的荣耀和辉煌!

张运军的寄语如同一盏明灯,照亮着学子们前行的道路,激励着他们在科技创新的征途上勇往直前,不断超越自我,为国家的繁荣昌盛贡献自己的力量。

扬帆把舵，材料强国

——材料科学与工程学院优秀校友高昊江专访

高昊江，华中科技大学材料科学与工程学院本硕博毕业生，2007年毕业于材料工程与计算机应用系，获博士学位，2019年获北京市海淀区颁发的"中关村科技园区海淀园企业博士后科研工作站创新发展20年优秀博士后"。

他曾作为总架构师以及项目总负责人完成了多家国有大型商业银行的大型项目建设工作以及一家有3万多名员工的公司的整体信息系统的重构建设和企业数字化转型工作。现任京北方信息技术股份有限公司（国内A股上市公司，简称京北方）副总裁,兼任京北方研究院院长，负责技术研发、产品研发以及解决方案项目交付工作，目前管理的团队有2000多人。

埋藏薪火，扬帆征程

1994年夏天，还在读高一的高昊江第一次踏足华中理工大学的校园。高大崭新的建筑、栽满街道的梧桐、学子们的读书声，一切都给这位十五岁的少年留下了深刻的印象。在这次的参观之旅中，学校内清新怡人的环境、严谨端正的学风都深深地打动了高昊江。

"当时的随行人员说，华工（华中理工大学的简称）是很好的学校，你们以后好好读书，就可以上华工了。我一下子就记住了这句话，也记住了华中理工大学这个学校。"高昊江回忆道，"给我印象比较深的还有校门口的毛泽东雕像，觉得它壮观又雄伟。"

大理石雕像同这段青涩美好的回忆，一起深深印刻在高昊江的脑海里，始终埋藏在高昊江的心中，如一颗种子，在他填报高考志愿时发芽。面对人生中的第一个重大选择，高昊江没怎么犹豫，就填报了华中理工大学作为自己四年学习的起点，也是未来拼搏奋斗的舞台。

谈到和材料学的相伴相随，高昊江坦诚道："我所读的材料科学与工程学院材料加工工程专业以及做科研的模具技术国家重点实验室在国内排名均遥遥领先，处于数一数二的地位。这给我们带来了强烈的自豪感，也让我们有了一定的责任感，加上张宜生、李德群导师们博大精深的学识和严谨的科研精神，使我愿意在学习和科研的道路上继续坚持下去。"

高昊江在华中科技大学材料科学与工程学院完成了本科、硕士研究生、博士研究生的学习，对专业的理解和热爱也越来越深。当初的一颗种子，已然成长为一棵遮天蔽日的参天大树。在攻读博士学位期间，他发表在英国某期刊上的一篇学术论文被SCI收录，并被引用了500多次，获得了一定的行业影响力。

作为在材料行业深耕多年的"材料人"，高昊江对材料学的意义感触颇多："材料学是一门基础学科，也是一个影响着国家竞争力的学科。各行各业都会涉及材料学，材料学科的突破会给相关行业带来革命性和颠覆性的突破。比如纳米技术、芯片技术、飞机发动机叶轮制造技术、精密的手术器械、模具技术、数字制造等领域，都和材料学有关。"

高昊江于2022年在北京大观园

好学不倦，洋溢多彩

"当时最深的印象就是学校面积特别大，绿化特别好，学风非常正。"说到大学时期的经历，高昊江笑着提道："我们学校里经常有各类论坛，有名师、'大咖'办的讲座。"校内的各种学习资源给他提供了一个可以潜心学习、认真科研的平台。高昊江漫步在华中理工大学的校园里，活跃在自习室、图书馆、实验室内，不仅学习了扎实的专业知识，更培养了严谨认真的科研精神。

本科期间，高昊江的成绩一直是班里前两名，也顺利在本专业完成了研究生和博士的深造。严谨的探索精神给高昊江后来的工作带来了很大的帮助。"写论文、发表论文的过程都是很严谨的，可以培养我们的思维模式和严谨的工作精神。"高昊江说。

华中科技大学"明德厚学，求是创新"的校训也为高昊江之后的工作、生活提供了一定程度的指引。关于"厚学"二字，高昊江提道："大学期间要认真学习，我们在学校里学到的知识，以及解决问题的思维方法能让我们受益一生。但是我们处在知识爆炸、信息爆炸的年代，只有通过不断学习，才能适应工作要求。"至于"创新"，他直言："不创新，就没有未来。未来的发展需要创新，只有创新才能够赢得更多的客户的青睐，不创新我们就会慢慢落后。"

学校对人文教育的重视也给高昊江留下了很深的印象。他提道："当时杨叔子院士常讲'先做人再做事'，这句话给我的影响还是非常大的。"在大学期间，高昊江经常参加各种人文讲座。拿着笔和纸的他坐在台下，目光如炬地看着台上的名师、"大咖"们，陶醉于浓厚的文化氛围之中。这些都塑造了他性格上的厚度，打磨了他人格上的温度。

除了学习成绩优异，高昊江还是班里的班长。大四那年，在院党委副书记吴玉兰老师的指导下，他组织班级一起申请并获得了"全国先进班级"的荣誉。更让他备感骄傲的是，全校因此开大会组织了一次宣传学习。"就在以前的电影场，"高昊江回忆道，"基本上是当着全校师生的面进行宣传和讲话，我当时是很自豪的。"高昊江和班委一起，总结经验、书写稿件，将自己的想法和建议分享给全校师生。这也成为高昊江回忆中浓墨重彩的一笔。

在问及如何平衡学业和学生工作，高昊江提道："担任班干部、参加学生会，或者在校级组织中担任一些职务，这些经历对以后我们从事管理工作的帮助还是比较大的。当然我们要平衡参加活动和完成学业的关系，不能偏废。"

漫道如铁，投身实践

在华中科技大学毕业后，高昊江于2008年前往北京进一步深造，获准加入了中关村科技园区海淀园企业博士后科研工作站，并在京北方公司分站从事科研工作，他的导师是清华大学自动化系的一位资深教授。他于2010年博士后出站。高昊江在2019年获得了北京市海淀区颁发的"中关村科技园区海淀园博士后科研工作站创新发展20年优秀博士后"，该荣誉共颁发给了20人（从该科研工作站20年来培养的400多名博士后中遴选），高昊江就是其中之一。

"在博士后站工作期间，我既要去客户那里做落地项目，又要做博士后科研，是有些压力。"高昊江坦言，"但是只要有信心还是可以坚持的，时间是挤出来的。"

当时的高昊江奔走在客户公司和实验室之间，每天的行程都安排得很满。在工作伊始，高昊江就负责了某国有大行的多个业务系统的整合项目，经过8个月鏖战后，系统成功上线。之后他被派去上海，因为当地某家银行上线了一个信用卡系统，系统运行得不太稳定，出了各种问题，需要一名专家去领头解决这些问题。公司当时决定让高昊江去负责解决，他充当了一个临时"救火队队员"的角色。高昊江没有犹豫就赶赴上海，做好了"长期战斗"的准备。面对客户的质疑和公司的压力，他从容不迫，用严谨的态度分析和发现问题，并合理安排团队成员解决问题，最终顺利满足了用户的需求。也就是在这次挑战之后，高昊江成了京北方上海分公司的副总经理，获得了公司的重用。

"当时面对的问题都很棘手，并且这些问题每天都在变化。越是这样，你就越不能慌，越要知道自己要干什么。"回忆起那段经历，高昊江说。

谈到如何进行有效的时间管理，高昊江分享道："在开始一项工作之前，首先要做好规划。正式工作之后，你会发现有很多事情会同时运行，所以做计划的能力是非常重要的。其次要学会统筹管理，统筹自己的生活、统筹多项工作、统筹团队成员。但是最重要的其实还是实干，只要你开始做一件事，就可以一直干下去。万事开头难，开始干才是解决焦虑的最好方法。"

博士后出站后，由于多年来沉淀的信息系统建设经验，高昊江选择在京北方工作。在工作伊始，高昊江认为自己最大的问题并不在技术方面，而在沟通与交流方面，他分享道："后来我才意识到，团队内的压力来自两处，一个来自客户给整个公司的压力，一个来自团队内部。很多事情不是你和你的团队不会做，而是你不了解别人想要什么，或者怎么才能和同事高效配合。面对复杂的问题，我们要学会提前沟通。"

高昊江在2023年金融行业"数智金融"研讨会上的留影

高昊江做事认真，总是可以在工作中发现自己的不足之处，并会及时改正。刚开始工作时，他发现自己在和同事、客户交流时总会感到困难，于是不断提高自己的沟通能力，学习如何精简地表达自己的需求。"工作之后，我发现自己在管理和沟通方面存在一些不足，于是开始逐步培养自己在这两个方面的能力。"高昊江说。

而面对现在社会的"内卷"问题，高昊江想给正处在焦虑情绪中的学弟学妹们打一支"强心剂"，"行业'内卷'说明竞争变得越来越激烈。既然大环境如此，同学们更应该充实自己，而不是'躺平'。大家要找准自己的方向，为将要面对的人生重大事件的选择做好准备。很多时候,选择比努力更加重要。大家要想清楚自己想要什么、擅长干什么,定好方向和目标,向目标奋进。天道酬勤,勤奋刻苦还是需要的。另外,只要有良好的基础教育,又有好的学校口碑给同学们背书,那么找一份工作其实没有同学们想象中那么难。工作之后,公司看的还是我们解决实际问题的能力。"

千里雄关,漫步可达

工作期间,高昊江做了不少大项目、难项目,并且作为总架构师以及项目总负责人完成了一家拥有3万多名员工的公司的整体信息系统的重构建设,实现了公司的企业数字化转型的目标。

"以往的系统都是每个部门独立的一个个烟囱式系统,一家公司至少有10个系统,比如CRM、OA、IT业务群MIS、BPO业务群MIS、运营管理、人力资源、财务共享等系统。我提出了建设一个全公司统一架构的企业数字化管理系统的方案,采用统一系统、互联网业务中台、数据中台的理念,以数据为中心,打破了数据孤岛和部门墙。这个系统下设15个业务中心,比如组织中心、员工中心、项目中心、运营中心、资产中心、采购中心、绩效中心等。"说起这个系统,高昊江有些兴奋,"统一架构理念提出后,获得了那家公司最高管理层的高度认可,并授权我带领团队开发实现,我们历时13个多月开发完成并让系统成功上线。"

为了这个项目的顺利完成和上线,一年多的时间里,高昊江几乎每天都面临着巨大的工作压力。项目组一百多人,很多人都是连续地加班，假期也几乎没有人休息。在研发过程中，团队采用了微服务架构、容器云架构、AI人工智能等多种新技术，在提高项目完成度的同时，也提高了项目实施的难度。

同时项目也涉及各种需求、与多人沟通的问题。高昊江回忆道："他们有些业务要维护老系统和建设新系统，需要数据迁移，但历史数据和新系统的数据很难统一，可又必须按照新系统的数据格式补录一些以前没有的数据。这个过程是非常艰难的。"

所幸项目最后取得了一个很好的结果，不仅实现了既定目标，项目成果还输出了多家客户。以数据为中心的架构思想，和国家后来提出的"数字化转型""数字中国"等理念不谋而合，非常具有前瞻性。

"我觉得工作中，最重要的是三种思维模式。第一个就是要解决客户的痛点，培养全流程的思维模式，按照全生命周期管理流程梳理一遍。第二个是培养面向对象的思维模式，这个在大学期间的java课程中其实可以培养，一个属性要归到一个对象上去。第三个是场景思维，一定要切实解决特定场景的问题。"提及关于工作的经验，高昊江侃侃而谈。

在高昊江看来，职场和学校这两个阶段之间有延续性，也有很大不同。学校阶段好好学习，取得各种资质证书及学历，这个过程和取得的各种成果是会影响大家一生的，不可不重视。高昊江分享道："华科大作为'985工程'的名校之一，在国内，甚至在国外都有影响力，所以华科大毕业生的出路还是挺不错的。走入职场，我们会面临各种需要解决的现实问题，有技术问题、业务问题、管理问题、上下级沟通协调问题、客户关系问题，学校往往考验的是个人的努力和素质，但是职场强调的是团队合作，独木难支，所以学弟学妹们要学会沟通技巧，重视对这方面的培养。职场竞争激烈，我们公司的文化是绩效导向，业绩好的上、业绩差的下,工作业绩和绩效考核及职务调整直接挂钩。"

我们材料行业还大有可为,虽相比国外先进技术还有些差距。"那我们的学者能不能把这一块填补上?比如高端的计算机芯片、飞机发动机叶轮、精密器械,需要很优质的材料。我们技术上的短板,在整个国家安全层面,是很需要我们去攻克的!"高昊江说。

高昊江在抖音有限公司参加技术和产品座谈会

赓续理想,材料强国

对于学院响应国家政策,提出"材料强国"的口号,高昊江表达了赞赏:"我现在所在的行业还是偏向应用方面,主要是引用别人的技术,再应用到各行各业的业务中。而'材料强国'更偏向基础科学的研究，基础科学的研究是很困难的，不可能在一朝一夕间看到结果。但什么领域都离不开基础学科的加持，科研能力强，祖国才能强。作为掌握技术的材料学子更应该树立'材料强国'的人生理想。"

在提及对现在的材料学子有什么建议时，高昊江从三个方面讲述了他对新时代材料学子的期待。

第一，我们材料专业对国家来讲非常重要。我们学校的计算机仿真技术和新材料研发的基础和科研条件都很不错。希望材料学子们在这两个方面能更加努力，解决一些国家材料技术方面的问题。

第二，学习能力是影响我们一生的能力。在现在这个时代，各种新的技术、新的理论、新的问题不断出现，所以，不是说大学读完了，我们将来就高枕无忧。我们要一直保持学习的状态，培养自己终身学习的能力。

第三，在创新层面，我们要培养各种创新思维；在做科研方面，我们要有"打破砂锅问到底"的精神。我们要在现有的基础上创新，发现每个事物可以创新的点。

"希望学弟学妹们好好学习，做到专业、专注、专家（这也是我们京北方公司的理念），将来能做出大的成就，为国家解决被'卡脖子'的技术问题，为母校增光添彩！也希望华科大材料科学与工程学院能越来越好！"在采访的最后，高昊江说。

攀登科技高峰，建设航空强国

——材料科学与工程学院优秀校友黄建科专访

黄建科，博士研究生。2004年毕业于华中科技大学材料科学与工程学院，获得硕士学位，现任中国商用飞机有限责任公司（简称：中国商飞）上海设计研究院飞机设计支持工程技术所所长。

中国商飞是国家大型飞机重大专项——中大型客机项目的实施主体，也是统筹干线飞机和支线飞机发展、实现我国民用飞机产业化的主要载体，主要从事民用飞机及相关产品的科研、生产、试验试飞，民用飞机销售及服务、租赁和运营等相关业务。

初入学涯：懵懂的选择

1997年，黄建科踏入了大学校门，就读于华中理工大学材料科学与工程学院塑性成形专业。谈及与材料学科的缘起，黄建科的回答真诚又坦率："当年我填报高考志愿时，不像如今的学生有着丰富的信息获取渠道，所以当时的我对材料学科并没有很深的了解。"起初，他只明确了将来要学习工科专业的大方向，随着对工科领域的进一步了解，他认为材料是一个基础性强、需求度高的学科，结合个人的特长志趣以及老师、家人的意见，黄建科最终进入了材料领域，这一干就是二十多年。

在大方向下的慢慢探索，到未来发展方向逐渐明晰，他一步步地认识材料、了解材料、深耕材料。而在如今的互联网时代，获取信息的渠道越来越丰富，黄建科鼓励现在的年轻人要找到适合自己的道路"在报考专业、确定研究方向时，可以把握时代机遇，广泛了解信息，并充分结合个人兴趣和特长，通过自己成熟的想法选择学习的领域"。

潜心求知：明晰方向，自我提高

黄建科所在的塑性成形专业的972班是一个优秀的班集体，曾获全国优良学风班，3次获评校优良学风班。当提到"学在华科大"的响亮口号时，黄建科深有体会，"当年我上学的时候，身边的同学都在朝着自己的目标努力。校园里处处都是同学们求知的身影，图书馆里一座难求是很常见的情况。"学路漫漫，行则将至，华科大的优良学风一直深深地感染着他。在专业学习中，他始终对自己保持着高标准、高要求，不局限于按部就班的本专业的课程、考试，而是不断地自我充实、自主学习，他最终顺利地留校深造，在研究生阶段继续求知。当谈到母校如今的发展，黄建科的言语中也流露出自豪，他认为，如今的华科大发展为国内一流的综合性大学离不开校内良好的学习氛围。

受到浓厚学习氛围的影响以及身边优秀同学的带动，黄建科的大学求学经历很充实。但他认为仅仅有优秀的学业成绩是不够的，因此，在课堂之外，他还积极参加了各种学生工作，这段丰富的实践经历让他受益匪浅。"在本科阶段我担任学院的学生会组织部部长，研究生阶段担任学院研究生会副主席。"回忆自己的大学生活，他眼里仍充满激情。他认为，处于大学阶段的年轻人，必须具备良好的学习习惯和端正的学习态度，但在学有余力的情况下可以接触更多的事物，这是一种对自我的挑战和锻炼。"年轻人本身精力就比较充足，在学有余力的情况下接触一些事情，是受益颇多的。以我个人经历而言，在我们学院开展学生工作，组织策划一些学院活动，是一种积累、一种历练。等我进入工作岗位后，这部分的能力和优势就显现出来了。"

初出茅庐：学无止境，精益求精

"我们赶上了大飞机事业最好的时代，为国产飞机的系列化发展贡献自己的力量，建设航空强国和制造强国，是我们这一代人的光荣与责任。"黄建科认为，材料学子毕业后的就业面是很宽的，而自己选择进入航空领域，既是个人志向的选择，又顺应了国家发展的时代浪潮。2008年中国商飞成立，2009年黄建科博士毕业，正好赶上了中国商飞广纳人才的好时机。他毅然选择进入中国商飞上海飞机设计研究院，谈及职业选择的缘由，他说："从就业方面来讲，有一家中央管理企业在急速扩大，它又是一个国家发展的新的大型客机项目，是一个比较宽广的新平台，能够让我们年轻人得到更多机会施展才干。"于是，从2009年至今，他一直在中国商飞工作，坚定地在中国大飞机事业中发光发热。

初入职场的黄建科被分配到了标准材料设计研究部（如今的材料工程部），担任工艺工程师。进入岗位之后，黄建科直观地感受到了身份的转变和差异。"工作之后研究的具体工程问题，和学校里面研究的问题是存在一些区别的。不同于博士阶段专注于细分领域的学科研究，我在工作岗位中承担的具体工作范围更广、要求更高。"除此之外，相比起一些毕业于传统航空院校的同事，材料专业毕业的他当时对于飞机的概念是比较模糊的，因此，为了尽快达到岗位的要求，他主动利用业余时间"再学习"。谈及这段经历，黄建科也颇有感触："尽管我是工科背景出身，已经具有一定的知识储备，但到了工作岗位上，一些具体要求不一样，就需要我重新掌握那些知识直到能胜任这个工作。无论身处什么岗位，端正的工作态度都是必需的。除此以外，还得有体会、有钻研，才能体现自身的价值。"

正是抱着不断"再学习"的热情和态度，黄建科对工作部门、对飞机材料的理解和认知有了逐步的积累，在工作岗位上脚踏实地、兢兢业业，他最终摸索出了一条属于自己的发展道路。

2022年，黄建科在单位内部做报告

深耕岗位：一以贯之，锲而不舍

大飞机事业任重道远，而材料验证工作是飞机研制中最基础的工作，飞机上使用的每一种材料都直接关乎飞机安全。从2012年开始，黄建科参与C919飞机第一项材料MOC4试验，至今已十年有余。首先，需达到飞机适航标准，这是最基本的安全性要求，在这个基础之上，还要追求经济、舒适、环保等目标。在这个过程之中，黄建科和他的团队也遇到了重重关卡。"首先是标准符合的问题。飞机研制的适航条款中陈列的大多是通用化、概述化的要求，要使材料符合标准、满足各种环境下的要求，需要经过大量的试验检验。"在具体验证方案的设计上，要和飞机的使用场景高度结合，不同材料在飞机上用来干什么、使用的材料是什么功能，这些问题都要获得清楚的答案并进行有针对性的验证，满足飞机既定的设计要求。其次，新兴材料的使用需要通过一套完整的工程验证，这其中每一步、每一层级的验证，都需要达到预设的目标。在设计验证方案时不光要考虑工程的约束条件，还需要把握时间和资源。在材料的使用中，材料的基础数据积累较少是黄建科和团队经常遇到的困难。他们需要在一段相对短的时间内、有限的资源环境下补充和积累很多数据。在成百上千次的验证中，黄建科和他的队友们曾遇到过各种意想不到的情况，而唯一能做的便是静下心来、反思原因，重新规划试验矩阵。秉承着"一代飞机一代材料"的信条，黄建科在研制国产大飞机这条艰难的道路上坚持了下来。

2022年，黄建科在单位内部分享经验

千淘万漉虽辛苦，吹尽狂沙始到金。2022年9月29日，C919大型客机在北京获颁型号合格证，习近平总书记充分肯定了C919大型客机研制任务取得的阶段性成就，深刻阐释发展大飞机事业的重要意义，对项目团队寄予殷切期望。回忆起十年来C919飞机材料验证的一步一步，黄建科动情地说道："阳光总在风雨后，经过C919飞机的洗礼，材料专业已经积累出一套民用飞机材料使用规范体系和工作流程体系，也使得我们有更大的信心迎接后续挑战。"

从业经验：产学融合，材料夯基

中国商飞上海飞机设计研究院坚持与高校合作打造具有创新实力的校企联合科研机构，成立了大飞机先进材料创新联盟。而黄建科也认为，产学研融合是一条必然的路径。"大量新型材料，最终的价值体现在能够运用到工程项目之中。尤其是大飞机、核电这些国家级的重大工程项目，运用国产材料提高竞争优势，是必由之路。"当发现高校科学研究无法完全应用到工程实际时，需要人为地做一个"握手"，把优秀的科研成果、机理研究应用到解决工程问题上去，这是现在学校和企业之间合作的一个基本出发点。"以中国商飞的大飞机先进材料创新联盟为例，从工程应用的角度，在全国重点实验室中筛选材料、投入资源，从而实现成熟材料的重点孵化。在这个基础之上，当材料达到了装机使用的程度，仍可以追求性能、效率和结构等方面的进一步提升。"黄建科引用实例，娓娓道来，叙述自己对产学研融合的理解，言语间倾注了无限的热情和期待。

黄建科在飞机设计支持工程技术所开会

《科技日报》曾梳理我国35项"卡脖子"技术，这其中有近70%的技术与材料相关。当谈到我国广大科研工作者应当如何应对技术难关时，黄建科也结合了自己的工作体会，提出了自己的思考："首先我们应认识到，材料作为一个基础物质，是经常处于各国博弈最前沿的位置上的。从根源上来讲，因为材料等基础性学科是构成国家科技实力的一个基础，比如我国造高铁、卫星、核电等这些重大项目的成功都离不开材料。"深耕材料验证工作领域数十载，黄建科见证着我国材料行业的长足发展，更期待看到这一领域在未来有更大的突破。"如今在材料验证领域中，确实有相当一部分数据是比较少、比较分散的，在早期生产加工时缺少统一的标准，过程的可追溯性也不那么好。所以有的数据不可用，统计代表意义比较有限，这些都是未来相关工作中需要持续提高的地方。"

指引前路：夯实基础，敢想敢做

谈到工作体会。首先，黄建科提到，大家到达工作岗位之后很可能跟研究生阶段做的具体方向不会完全一样。这是一个正常的过程。他认为，从根本上来说，大学求学阶段做的研究跟实际工程之间的差异是客观存在的。青年人需要做好心理准备，才能从中不断学习、不断提高。"我经常和年轻的同事说，入职的三到五年内是一个非常关键的时期。这一行业在细分专业里面会大量接触很多一线的、实际性的工作，所以要勇于承担责任，敢做、多做。"这是黄建科对年轻同事的嘱托，更是他数十年来从业的经验和体会。

在当下，"生化环材，四大天坑"的言论甚嚣尘上，社会上许多言论认为材料专业的就业前景、工作待遇不尽如人意。而黄建科认为，大家应当用更开阔的眼界看待这种言论。"每一个专业都有一套完整的学科体系，是具有不可替代性的，作为基础学科，材料毫无疑问是很多领域的基础。"评价一个学科需要从多个方面来看，如果仅仅通过薪资待遇、工作岗位来衡量，是单一的、片面的。"或许材料永远无法站在闪光灯下最耀眼的位置，但是从另一个角度来说，材料的热度从来没有消退过。我国要想打破技术壁垒，在重点工程项目上有突破，离不开材料领域的发展和突破。"黄建科指出，而材料领域的发展离不开无数"材料人"数十年如一日的奋斗，也需要新一代的"材料人"坚定信心、提高觉悟，"要有雄心壮志，世界科技巅峰我们都要奋勇攀登。"只有清楚自己肩上的担子，接过前辈手中的接力棒，才能实现技术的突破、真正做到实业兴邦。

为了加强材料领域的人才培养，我国提出了实施材料强国的教育理念。对于正在材料专业求学的学弟学妹们，黄建科也给予了建议，"年轻的同学们应当培养一些基础能力，树立良好的心态，将来在就业选择中根据国家的重大战略需求选择具体的就业方向。"他提到，要想在科研领域攻坚克难需要做到以下三点：第一，要持续自我充实、自我提高，在大的学科背景下根据实际需要"再学习"；第二，需要端正工作态度，脚踏实地地完成本职工作，不断地在行业中汲取经验，走出一条适合自己的发展道路；第三，应当锻炼较强的心理素质，拥有良好的心态。在面对困难和挫折时不要轻易气馁，而要积极地解决问题、迎接挑战。

路漫漫其修远兮，吾将上下而求索。大飞机事业任重道远，扎实推进制造强国建设，为实现中华民族伟大复兴的中国梦和大飞机梦不懈奋斗。这是黄建科恪守的使命，也是他数十年来的工作写照。在他看来，作为华科大的"材料人"，应当具备潜心钻研、综合发展的能力，通过求知的热情和良好的心态迎接未来的挑战，更要有攀登科技高峰、建设材料强国的觉悟和信心。

"冯"起云涌,"仪"往无前

——材料科学与工程学院优秀校友冯仪专访

冯仪，华中理工大学控制科学与工程系1997级本科生、材料科学与工程学院2001级硕士研究生、2004级博士研究生。他于2009年毕业后入职武汉新威奇科技有限公司，担任副总经理，后于2015年担任总经理，主持并负责数控电动螺旋压力机等项目。现为武汉新威奇科技有限公司（简称新威奇）总经理、正高级工程师。2024年，他被聘为华中科技大学企业兼职教授。

他曾发表过多篇学术论文，拥有多项专利与软件著作权，曾先后获得湖北省科学技术进步奖一等奖、二等奖，机械工业科学技术奖技术发明一等奖、机械工业科学技术奖科技进步一等奖等。

缘起与成长：是机缘巧合，也是命中注定

和大部分从一开始就对材料行业情有独钟的同班同学不同，1997年高考结束后的冯仪，攻读的是当时最热门的自动化专业。本科期间爱踢足球的他和材料科学与工程学院足球队有很多交集，在与材料科学与工程学院同学的交往中，他加深了对材料学科的认识与了解。当时，黄树槐教授非常重视多学科的交叉融合，鼓励学生成为多学科背景的复合型

2002年"华工杯"研究生足球联赛，冯仪所在的材料科学与工程学院队夺冠合影

人才，这让冯仪备受鼓舞，于是，在保研时他选择了加入材料科学与工程学院。虽然是足球串联了他和材料科学与工程学院的缘分，但材料加工工程其实很适合有自动化专业背景的学生，事实证明，冯仪在本科期间学的自动化专业知识对他在材料加工领域开展的科学研究帮助很大。

进入材料科学与工程学院后，冯仪充分感受到了材料加工的魅力。从3D打印到锻压设备，从用来写字的钢笔、盛水的杯子、奔驰的汽车、航行的巨轮到飞往太空的火箭和卫星……凭着人们无穷的想象力，人们将各式各样的材料加工成不同的形状和功能的生活用品、工业用品以及艺术品，这一切都让他深深着迷，也让他更坚定地留在了材料科学与工程学院继续攻读博士学位。

2015年，冯仪参加第七届中国冷温热精锻会议，同其他参会人员合影

二十多年过去了，与师兄弟们一起拼搏奋斗，与导师一起攻坚克难的画面依然历历在目。那时的日子简单而充实，一群务实、专注的"材料人"走在一起，在面对一次次困难与挑战的过程中，在经历一次次失败与奋进的过程中，在日以继夜修改与精进实验的过程中，他们磨炼出了"专一""严谨"的品质，这为他们之后走出校园进入企业打下了坚实有力的基础。"应对学习和生活中的困难，其实和打磨一块好的材料一样，需要持之以恒的耐力与全身心地投入，不用想太多，选择一件事情就只管尽力做到极致，抓住机会不留遗憾就行。"回首这段时光的冯仪如是说。

从学校到企业：要有理想，但不要理想化

1993年，黄树槐教授独具慧眼，主张产学研深度融合，致力于将校园里的科研成果市场化、产业化，创办了校企联合公司——武汉新威奇科技有限公司（后简称新威奇）。经常被任命为项目"救火队队员"的冯仪开始辗转于各个项目的一线，从实验室的理论实践到产品的落实，充分体验到了科研成果转化落地的艰辛与不易，博士毕业后，他也顺理成章地留在了新威奇。择一事，终一生，不为繁华易匠心，毕业至今，冯仪一直都在这家公司深耕。

科学研究是高校的专长，而成果应用则是企业的强项。高校瞄准科技前沿开展创新研究，再由企业将研究成果落地转化，听起来好像不难，实际操作起来却远没有想象中的那么容易。材料加工工程是一门极

其严谨的学科,一个不起眼的小问题在生产线上都会被无限放大,很可能会导致生产线频繁停产。如何保证生产线运行的稳定性和可靠性,是科研成果产业化的最大考验。冯仪认为,技术工作绝对不能理想化,例如设计产品时不充分考虑实际生产中的现场条件和使用状况;使用未经过反复验证的理论参数生产产品,导致这些产品存在各种各样的先天缺陷,这样的产品就像一颗地雷,倘若在未来某个时间点被某些事件突然触发,将造成严重的后果。

2015年,新威奇遇到了一个重大挫折,"当时我们公司的利润可以说是跌到了谷底,有时候甚至一整个月都接不到一个订单,100个人的全年产值只有不到3000万元。"通过对市场前景和公司现状的深入分析,冯仪意识到公司眼前面临的问题并非市场前景不好和技术方向不对,而是产品面对现场复杂条件时稳定性与可靠性的问题。"我对我们公司的技术是非常有信心的,我们研发的驱动及控制技术在行业里一直都是最具竞争优势的。因此,当时公司的问题说到底还是产品的稳定性和可靠性不足。"临危受命的冯仪认为让公司涅槃重生的办法不是不停地在原有基础上"打补丁",而是将产品设计全部推倒重来。他将这称为"苦练内功",因为要彻底解决问题没有捷径,只有结合之前的经验和教训重新开始,并在现场反复验证实验参数和持续提高产品质量。

千锤成利器,百炼变纯钢。下定决心的冯仪和伙伴们开始和时间赛跑,日复一日地进行产品评审讨论,寻找问题、解决问题,不断挑战、反复求证。"那段时间,我们几乎没在晚上12点前合过眼,通宵工作也是常有的事。我们只有一个信念,就是要寻找相对最优解,做最好的国产装备及生产线。"凭着坚定的信念和一腔热血的干劲,从设备生产到正式交付,他们经常在客户现场一待就是一两个月,高质量地完成了以国产电动螺旋压力机为核心的成形设备的多个项目,打开了公司的新局面。

  筚路蓝缕启山林,栉风沐雨砥砺行。如今,新威奇已经完成了100多条自动化模锻生产线,成为数控电动螺旋压力机领域的世界知名品牌。一路上曾有过的磕磕绊绊,最终都成了新威奇发展史中不可缺少的一部分。

2016年,冯仪参加中国国际金属成形展,与其他参展人员合影

公司的未来:创新是唯一出路

  世界的发展日新月异,公司的挑战也远不止如此。"企业发展中最难的事情,不是解决从无到有的问题,而是从有到精的问题。仅仅只是

把一个装备生产出来最多不过50分，而咱们的国产装备与世界一流装备相比，很少能达到80分以上。所以我国材料加工领域里低端产品竞争十分激烈，而中高端产品却只能依靠进口。"谈及为何坚持每年投入大量经费用于技术研发，已成为新威奇总经理的冯仪认为创新是引领企业发展的第一驱动力。

2023年，新威奇成立三十周年庆典，所有员工集体大合影

　　新威奇的优势是什么？关于这个问题的答案，冯仪只给出了两个字——创新。"工艺是灵魂，设备和生产线只是把产品做出来的工具。一旦工艺升级，设备改良的需求就会出现，开发新设备、新的生产线也是自然而然的事。以前，我们只能是生产出什么就用什么，但现在我们希望追求更好的性能、更高的效率，这也是新威奇不断发展壮大的不竭动力。比如特斯拉，如今他们的汽车底盘和覆盖件是一体化压铸成形。一开始，他们只是提出了一个增效提质降本的创新方向和思路，后来，才有企业研发万吨级超大压铸机，使得某些汽车部装从最初需要上百个零部件的复杂集成，到现在的一体化成型。"

知之非难,行之不易,创新绝非易事。冯仪谈到,学术上的创新和企业里的创新是有本质区别的。高校里,创新可能更需要的是天马行空的想象力和敢于批判一切的精神,而企业则更强调的是现实和边界。"科学研究有时候不一定有很明确的目的,只要你认为这个可能引领未来就应该和可以去做,但在企业里,创新发展就需要看到实际情况、明确边界条件,不符合发展趋势去创新就会与成功南辕北辙,你越努力越失败。"客户的投资回报、环境的条件限制甚至设计中如何兼容合适的尺寸进行运输等都是需要考虑的前提条件,"比如我们要做海运出口,你的集装箱、运输船要用什么型号都是有要求的,这就需要我们在设计产品时尽可能地明确边界和约束条件,在这些条件确定后,我们再来谈如何创造性地解决问题。"

2023年,冯仪与印度客户合影

当大多数人都在强调"我们要打破边界,让思维不受限制"的时候,冯仪却反其道而行之,将边界和约束视为思考问题的起点,这才是市场需要的企业创新。在冯仪眼中,限制反而能让人在漫无目的地前进时,从迷雾里找到一束微光,再沿着光亮寻找新的突破。

此时此刻：你要成为大部分人，还是小部分人

作为公司的引领者，冯仪在忙碌的工作之余，最大的兴趣爱好是阅读和学习，他还喜欢利用上下班的碎片化时间，收听时事新闻和感兴趣的课程。对于年轻一代人的教育和职业发展他也有自己的一番见解。

尽管冯仪说自己在学生时代曾经是个严重偏科的理科生，但踏出校门后他开始涉猎广泛，从历史、文化、经济到政治等方面的书籍和课程他都会阅读和学习，从中汲取智慧，再将自己学到的知识运用到企业管理中。"学习得越多，你会发现很多的方法和知识其实都是相通的。"在阅读有关教育的书籍时，他想到工作中用到的一些方法和思考可以用于教育，而教育上的一些思路，其实也可以用于企业管理。比如教育应有的态度是尊重学生的自主性和多样性，鼓励学生独立和自我发展，联想到公司管理，他决定将这种思路运用在新威奇。他希望大家在新威奇都能进行自我学习、自我管理。冯仪认为，"只有充分激发大家的自觉、自励、自强的精神，那么整个公司就能成为遍布引擎的动车组。"

最近受网上舆论的影响，不少高考学子在填写高考志愿时，对材料专业都有一些顾虑：我选择这个专业是对的吗？对此，冯仪认为选择其实没有对错之分，究竟如何选择专业方向，冯仪建议大家都问一问自己这三个问题：自己想干什么？未来趋势是什么？国家需要什么？

不可否认的是，材料是经济和社会发展的先导和基础，是一门值得深入研究学习的学科，也是一门有着很大发展前景的学科。"世界上大部分人会随波逐流做简单的事，这种简单不是完成上的简单，而是选择

上的简单。但还有小部分人会独立思考，去坚持做自己认为正确的事，而历史反复证明，世界的进步往往依赖那小部分人。"纵然外界会给人带来许多焦虑的情绪，但世界上没有一个职业是简单的，伟大的事情也并非从一开始就是能计划出来并成功完成的。任何事情的开始和大致走向都取决于自己的判断和选择，了解自我、倾听自我、找到自我，并努力实现自我、突破自我，这才是教育在学科知识之外，给予学生最大的思维财富，也是当代年轻人最应该有的认知。

寄语

九万里风鹏正举，冯仪想分享给材料科学与工程学院以及华科大其他学院的学弟学妹们这些即将展翅高飞的"大鹏"们四句话，愿大家在未来的生活和选择里找到属于自己的天空。

坚持认准的方向，持之以恒，不忘初心，方得始终。

坚持明确的目标，结果导向，轻装上阵，全力以赴。

坚持正确的原则，勿以善小而不为，勿以恶小而为之。

坚持平和的内心，少则得，多则惑，大道至简，知足常乐。

每个人目前的人生境况都是之前所有选择的总和，在面临选择时如何做出正确的判断是所有人都需要好好思考的问题。冯仪校友用自己的故事向我们证明，无论如何选择，只要问心无愧，坚定地行走在自己选择的道路上，一步一个脚印，就一定能有所收获。脚踏实地，仰望星空，相信所有的华科大人都能在时代的风浪里劈波斩浪，书写属于自己的精彩篇章。

谷木之材，方成大器。

精材成城，创新腾飞。

冯仪衷心地祝愿所有华科大学子们，

"冯"起云涌，"仪"往无前！

"陆"远迢迢，扶摇直上

——材料科学与工程学院优秀校友杨上陆专访

杨上陆，2004年毕业于华中科技大学材料科学与工程学院，获得硕士学位。他是中国科学院上海光学精密机械研究所（简称：上海光机所）研究员，博士生导师，激光智能制造学科带头人，上海光机所激光智能制造技术研究中心主任和上海市全固态激光器与应用技术重点实验室副主任，上海市先进材料激光智能制造专业技术服务平台负责人。中国焊接学会和上海焊接学会理事，中国光学学会、中国机械工程学会和美国焊接学会高级会员，美国激光学会终身会员。

　　他申请专利150项，授权发明专利88项（其中美国、德国、日本专利38项），实用新型专利12项，多项发明专利在通用汽车等公司应用。任《冶金与材料汇刊A辑》（Metallurgical and Materials Transactions A）、《冶金与材料汇刊B辑》（Metallurgical and Materials Transactions B）的审稿委员会成员和《中国激光》编委会成员。

材起烽火，横渡学海漫漫

从华中科技大学到美国南卫理公会大学（Southern Methodist University，简称SMU）；从锻造到塑性成形，再到激光制造，杨上陆的求学之路横跨了大洲大洋，也跨越多个专业领域。

"在母校的几年学习让我现在能够深入研究一些技术、做出一些创新，我所有的基础都来源于当年在母校学习的一些知识的积累和老师们的谆谆教诲。"硕士阶段在华中科技大学材料科学与工程学院的学习，为杨上陆日后跨专业、跨领域研究打下了坚实的基础。万丈高楼平地起，看似不同的专业领域，实际上都离不开材料知识与技术的支撑和应用。如今，杨上陆作为上海光机所的研究员、博士生导师，回望自己的求学经历，感慨万分。他说："回过头看自己成长的路，我觉得成长的环境和氛围，以及遇到的老师和朋友对个人的成长是非常关键的。能够走到今天，我是非常幸运的，一路以来我遇到的都是非常好的老师、非常好的同学。"

杨上陆回忆起当年在华中科技大学求学的日子，那时候的教室总是座无虚席，每堂课都需要学生早早到教室的前排占座。当时与杨上陆同寝室的几个室友，大家经常学习到凌晨两三点，然后又早起上课，日复一日，从无怨言。"希望咱们母校能够一直弘扬'学在华科大'文化，传承这样浓厚的学风。"回首那段日子，杨上陆觉得一直支撑着自己走下去的是一种不怕困难、敢于付出的拼搏精神，这份精神正是"学在华科大"的真正内涵，也是对母校"明德厚学、求是创新"校训的践行。如今，杨上陆早已走出校园，但他依然怀着这份精神，继续在科研的道路上前行。

上海光机所激光智能制造团队打篮球

在华中科技大学度过的硕士岁月，如同一把磨刀石，将杨上陆的志向和能力磨炼得愈发坚韧。谈及对于"生化环材，四大天坑"言论的看法，杨上陆表示："'生化环材'在社会发展中扮演着关键角色。电池、光刻胶、医疗……我们的生活离不开材料。我们常说'行行出状元'，其实每个行业都有自己的挑战。我们选择专业的关键是要真正理解那个专业的本质和从长远发展的角度出发，而不仅仅追求当下的热点。材料研究是很多研究的基石，只有真正把握了这个基石，同时了解新材料的发展趋势和关键材料在核心领域中的应用，积极与其他学科交叉融合，就会逐渐拥有广阔的视野，在任何领域都能有所建树。"

上海光机所激光智能制造团队合照

技术为民,创新融汇探索

"我总想到处去看看,想去了解、感受在不同环境下的生活。"杨上陆执着于探索未知领域。硕士毕业后,他选择了出国深造,来到美国南卫理公会大学,师从美国焊接学会会士、美国制造工程师学会会士、美国机械工程师学会会士拉多万·科瓦切维奇(Radovan Kovačević)教授学习先进激光制造技术。杨上陆把材料的特性与科技前沿的研究交织在一起,将光束凝聚成一把锋利的刀,削减着技术难题。

SMU先进制造中心与工业界合作紧密,洛克希德·马丁、雷神、波音、通用汽车、通用电气、卡特彼勒等著名企业都是该中心的长期合作伙伴。在SMU先进制造中心五年多的学习时光里,丰厚的企业资源让杨上陆不仅能在学术殿堂里畅游，还在与诸多知名企业交流合作中，深深感受到了产业的脉搏。杨上陆的博士研究选题聚焦在零间隙激光焊接镀锌钢板——镀锌板具有优良的防腐性能，被广泛地应用在汽车、核电等领域，但由于锌元素沸点（907 ℃）低，在焊接时往往会出现气孔、表面成型差等问题，严重影响产品质量，这是困扰工业界数十年的难题。杨上陆的研究选题得到了通用汽车的资助，通过与通用汽车的合作，杨上陆了解了工业界对技术创新和应用的要求。

"我在国外读书最大的感触是做科研就是不断地问为什么，要透过现象看本质，真正理解现象背后的物理本质。这一习惯我一直保留着，无论实验结果是什么，好的或坏的，我都会在内心一直问自己，它后面的物理本质是什么？这点对做科研很重要。"杨上陆说。多年的求学经历让他养成了独立思考、不懈追寻的习惯。与其单纯呈现公式，他更倾心于探究公式背后的物理真相。"比如说流体力学，它涵盖的内容非常复杂，我们讲流体力学就不能只是简单地把公式陈列在黑板上，而是要理解整个公式背后的物理现象。"杨上陆解释道。这个公式是怎么一步一步演化而来的？它的背后揭示了怎样的物理现象和物理本质？这一连串的疑问让杨上陆深切地感受到公式背后蕴藏的神秘、美妙的内涵。这样的思维方式让杨上陆受益终身，他将这种寻根问底的思维模式一直延续到自己的科研及教学工作中。

博士毕业后，杨上陆加入了通用汽车全球研发中心。在通用汽车全球研发中心，杨上陆往往需要同时开展多个项目，要与工程、设计、生产等不同部门频繁沟通、紧密协作。作为初涉职场的新手，他总是真诚求教，汲取优秀同事的经验。他说："我觉得最重要的还是真诚，只要有一个想把事情做好的态度，很多人都会帮你，就可以慢慢地把很多问题解决，你的能力也会得到锻炼。"困境与挑战或许错综复杂，但只要怀抱真心，所有问题都终将迎刃而解，就如学海无涯，潜心钻研方能精进。

杨上陆在实验室

杨上陆深知，要推动激光制造领域的创新，需要不同学科的研究交叉融合。他希望自己能够融入国内快速发展的节奏中，与国内的科技行业、技术人才合作，共同创造更大的价值。"我始终是想着回国发展的，伟大的创新不仅需要个体的努力，更需要团队的合作和时代赋予的机会。"杨上陆说。2017年，杨上陆加入了中国科学院上海光学精密机械研究所，翻开了个人事业的新篇章，为祖国的科研事业献上自己的力量。

一个执着于探索未知领域的灵魂，一个跨越国界的学者，一个将国际智慧融入国内的倡导者。杨上陆的故事如同一曲慷慨激昂的乐曲，奏出了在科研领域工作的人们的激情与渴望。他的选择与坚持，也勾勒出了一个个敢于追梦、奋发向前的青年科技工作者的身影。

致力焊接，创塑科技世界

工欲善其事，必先利其器。焊接，是一门看似默默无闻却无处不在的技术，小到民生产品，大到国家重器，它如同一把看不见的钥匙，打开了制造业的大门，在大国崛起与民生幸福之间架起连接的桥梁。在结构可靠性上，焊接扮演着决定性的角色。我国每年的焊接市场规模达到数千亿元，当前焊接技术正朝着高效、智能、绿色的方向发展，杨上陆专攻研究的激光焊接技术具有焊接速度快、能耗低、制造敏捷度高等优点，为实现节能减排和轻量化高性能结构的高质量制造提供了更高的可能性。

常人看来脏、累且没有科技含量的焊接工作，在杨上陆眼里却充满了无穷的魅力。"焊接其实是非常有魅力的，至少对我来说是这样。它是一个多学科交叉融合的技术，需要具备材料、力学、流体、凝固等不同学科的知识背景，极其复杂。"杨上陆举例，"焊接是塑造世界、改变世界的一个很重要的方式。在马斯克的星舰制造中有一个非常重要的技术就是激光焊接，大家可以多去了解一些高端行业背后的、细节上的东西，可能就会对这个东西产生不一样的感觉。"

近二十年来，杨上陆一直致力于探索轻量化材料的焊接及连接领域，他的团队始终坚持着与众不同的工作方式和长期目标。通过不断创新和应用，他们以创造社会价值为目标，为激光制造技术贡献着自己的力量。他们已经在锌钢板、铝合金、热成型钢、第三代高强钢、异质结构材料、中厚板的激光焊接等领域做出了卓越的贡献。杨上陆的团队先后获得2016年度全球百大科技奖（R&D 100 Award）、2018年度激光世界创新者白金奖（Laser Focus World Innovators Awards：Platinum-Level Award）、2022年全国颠覆性技术创新大赛总决赛优胜奖等多项荣誉。团队的研究成果两次被美国工业界和国家自然科学基金会联合评选为"美国重大科技突破之一"，并写入当年的美国国家自然科学基金会年刊中（2009年/2012年）。一系列荣誉和奖项见证了他们的成就。

杨上陆如今担任上海光机所激光智能制造技术研究中心主任，谈到自己的工作，他谦虚地总结道："我认为无论是在企业还是在研究所工作，都要围绕行业、围绕国家真正的需求来做科研，只有这样才能够回馈社会、实现自己的人生价值。因为我主要做技术嘛，技术能被用上才是最开心的事，为社会创造价值才是最大的满足。"

深入难题，解码物理本质

"铝合金焊接是一个让各行各业都头疼的难题。"杨上陆负责的项目之一——基于"牛顿环"电阻点焊技术的新能源全铝车身智能化焊装系统。在汽车工业中，电阻点焊是最常用的制造方法之一，然而，电阻点焊铝合金一直是个技术瓶颈，在长寿命、高质量、多品种等方面难有突破。

要解决这个技术难题，需要深入理解其背后的物理本质。"铝合金材料有哪些特点？为什么铝合金电焊一直难以突破？"杨上陆反复思索，从传统的观点出发，跳出思维的定势，逐渐揭开铝合金难以电阻点焊背后的物理之谜。铝合金微观层面上的不平整表面、高导电率、高导热性以及初始形核的随机性,这些都成了难题的一部分。

通过五年时间的不断思考、研究,反复地实验、查证……杨上陆团队终于解决了这一核心问题,推出了全新的焊装系统,实现了工业规模化应用。

他们建立了颠覆性的焊接环状形核理论,研发了"牛顿环"电阻点焊技术,这项技术突破了铝合金难以电阻点焊的技术难题,实现了更好的连接效果。基于这一技术,他们开发了"牛顿环"核心部件,并设计了相应的智能化焊接管理程序。这个程序是基于材料特性、焊接工艺、人工智能算法以及焊接实验与物理理论计算相结合的结果,它就像一个专家级的数据库,能够根据客户的生产需求,自动设定最适合的焊接参数,并预测潜在的问题和风险。将其嵌入新能源全铝车身的智能化焊装系统中,能够使焊接过程更加智能化和高效。

这个项目先后获得了上海市首届高价值专利运营大赛高校院所组的专利运营潜力价值奖、2022年全国颠覆性技术创新大赛总决赛优胜奖,登上了2023中关村论坛的《百项新技术新产品榜单》。该项目已经在国内的储能和汽车行业运用,成功打破了国外在全铝车身连接工艺和装备方面的垄断,同时也克服了焊接铝合金的技术瓶颈。这不仅为相关产业带来了新的机遇,也为项目的产业化前景带来了广阔的可能性。而杨上陆团队的研发追求,还将延伸至更广泛的领域。

追寻热爱,潜心科研育人

科研和育人密不可分,杨上陆认为,当下,我们更需要思考这两者之间应该如何结合。"我觉得科研也好，育人也好，其实都是一种修行的方式。"杨上陆颇有感触，"看人之长，用人之长。因地制宜，因材施教。无论是哪个方面，首先最主要的就是想好方向，并且热爱你选择的方向，用心做事，诚恳做人。科研和育人的前提都是要热爱，因为只有自己热爱这个事，真心地希望别人成长，我们才能够全身心地投入进去，才能够享受这个过程，这两者是相辅相成的。"

在科研的道路上，杨上陆强调实事求是。"这四个字看起来简单，但是真正做到很难。"杨上陆说，"科研不仅要看到现象，更要理解现象背后的本质。实事求是，是深入研究的前提，是克服难题的关键，是看到现象背后本质的基本要求。在科研中，常常会因为某种原因而偏离了实事求是这条路，然而只有坚守实事求是，才能不迷失方向。"

"未来，我们会继续将应用基础研究与技术应用相结合，不断满足行业真实需求，突破关键技术，为我国激光制造技术的自主创新做出更多贡献。"杨上陆的声音中透露着对未来坚定的信心，"我们致力于创建一个信息、资源共享的创新平台，希望能够为科研工作者和学生提供一个自由开放的环境，培养更多具有全球视野和全局观念的创新型人才。"

在科技的征程上，杨上陆坚持执着、实事求是的品质，不仅带动着科技的发展，更将培育出一代又一代的创新英才，为未来的科技发展注入源源不断的力量。

踏浪求真，驱动未来前景

在人类发展的漫长的历史长河中，材料学科随着人类技术的发展而不断发展着，支撑着人类社会的方方面面。金银铜铁汇聚了人类的智慧，打造出高耸的建筑；碳硅氧氮等元素交融混合，催生了科技的蓬勃发展。

"不论这个世界怎样变化，它都离不开材料学科的发展。因为这个世界本身就是由材料物质构成的。"杨上陆对材料学科充满信心。"一个国家的强大与发展，必然与材料学科的繁荣密不可分。从航空母舰的坚固结构到电池的高效储能，从新能源的应用到光刻机的精密制造，材料在其中都起着关键作用。"杨上陆说道。

在他的眼中，材料学科是一片广阔的海洋，而每一个青年都是这个时代的航海者。"我们国家拥有延续了五千多年的文明，蕴含着丰富的智慧和宝藏。我希望大家能够在现代化的浪潮中，不忘传统的根基，汲取中华民族的优秀文化，让梦想的种子在你们的心中生根发芽。"为此，他寄语材料科学与工程学院的学子们："变革带来了挑战，也带来了巨大的机遇。这个时代充满了无限可能，你们面临的机遇是前人无法想象的。我相信，你们能创造的辉煌，将比我们这个时代的人创造得更加耀眼。"

大江奔流，携铁骨铸辉煌；崛起之国，势如破晓初阳。材料强国，乃万象更新之源；强国之路，因材料而铺就；未来之舟，将以材料之力，穿越浩瀚科技的海洋。

热爱抵岁月，山海"易"可平

——材料科学与工程学院优秀校友易平专访

易平，1998年进入华中理工大学材料科学与工程学院学习，2010年毕业于华中科技大学材料科学与工程学院，获得博士学位。

他是中国模具工业协会数字化信息化委员会主任、湖北省模具工业协会副会长、广东省工业和信息化厅专家库首批入库专家；入选了国家自主创新示范区——东湖高新区"3551光谷人才计划""湖北省现代服务业领军人才"；获得了"湖北省科学技术进步奖一等奖""中国机械工业科学技术奖一等奖""中国产学研合作创新成果奖一等奖""教育部科技进步奖二等奖"等荣誉。

他也是武汉益模科技股份有限公司（简称益模科技）董事长，公司研发的"模具智能生产管理软件"成功入选2022年工业和信息化部工业软件优秀产品名单、"基于工业互联网的柔性自动化生产管理App解决方案"成功入选2022年工业和信息化部工业互联网App优秀解决方案名单。

求学途中

易平是山东考生，彼时华中理工大学在山东省招生的专业很少，名额也只有20个左右。在入学前，易平甚至不了解材料相关的专业，对于自己的专业和未来没有太多感觉和规划。

材料科学与工程学院的专业课对易平有很深的启发和帮助，其中两种类型的课程对他的启发最大，影响了他未来职业的选择。一是机械类课程，为他理解制造业打下一个非常好的基础；二是计算机类课程，包括C语言、数据结构等，材料方向专业的计算机类课程与其他非计算机类的专业相比，占比较重。在大二时，计算机辅助制图课作为创新试点课程在学院推进，易平是第一届用CAD软件进行机械制图的学生。使用学校自主研发的凯图CAD去画图，对当时的易平来说简直是如鱼得水。易平笑称自己没有用手画画的天赋，画得慢，课程结束后，总是班上最后走的学生之一，但是他用计算机画画却是班上画得最快、最完整的学生之一，甚至有余力指导和帮助其他同学。这个转变激发起他对数字化技术的兴趣，让他开始思考自己的专业和计算机的相融性，这为他后面进入工业软件赛道打下了坚实的基础。

除了一些专业课、通识课的学习之外，担任学生干部和组织校内活动对易平的帮助也非常大。易平曾担任学院的文艺部部长，参与学院组织的学校首届校园形象大使大赛的活动经历让他印象深刻。当时的大赛需要学生去拉赞助，很多人一般会在学校周边的商店去拉赞助，但是易平考虑到既然是形象大使大赛，就需要考虑能与之匹配的赞助品类。从这点出发，易平来到当时武汉的商业中心——武汉广场写字楼，逐层逐户拜访美妆、时尚类的公司，找到了资生堂集团旗下的欧珀莱品牌，获得和总经理面谈的机会，最终争取到了价值五千元的赞助。这是很有挑战的一件事情，在短时间内说服陌生人，成功拿下赞助，这对易平来说也是他的商业启蒙。后来在益模科技的初创阶段，易平事事亲力亲为，他也成为拿下公司第一份合同的人，可以说在学生组织里工作的经验给他打下了很好的基础。从销售产品到技术的售前服务，都需要和客户打交道，为了让产品能够卖出去，在短时间内说服陌生人是很重要的能力。易平虽然在学生组织中投入了很多时间、精力，但是成绩也没有落下。他经常在考试前挑灯夜战，点蜡烛或者是跑到学生会地下室的房间内学习、复习。易平总是能够挤出时间来做学生工作和参加竞赛，现在再回顾这段经历，他还是非常有成就感。他建议大学生要注重学习之外的发展，多参与社会活动、学生工作等，这些活动和工作对自身未来的发展会有很大的帮助。

他觉得学生对自己未来的发展在大学期间就应该想清楚了，不管读研深造，还是创业，或者是工作，或者是出国，都需要尽早找到一个方向，这样才能合理安排利用自己的时间，在重要的事情上多花精力。"大学生活没有一个标准答案，每个人的目标是不同的，只有在目标确定的情况下，我们才能知道怎么去评估每件事情的价值。"易平认为不能把学习作为大学生活的全部，社会体验、学生工作都是重要的，这些方面也许会在未来成为你独特的竞争优势。

创业之路

易平还在读本科时,党的十六大提出了"以信息化带动工业化,以工业化促进信息化"的战略思想。易平非常关注时政,他看到了一些国家政策,了解到制造业信息化发展的趋势,于是特别关注当时整个行业的动向,隐隐觉得智能制造将会是一个大的方向。

当时中国智能制造还处在起步阶段,底子薄弱,制造从业人员特别是模具行业非常辛苦。易平通过导师的合作项目,接触到大量的模具企业。在实地调研中,易平深知作为"工业之母"的模具的重要性,也在接触了大量从业人员后,了解了这个行业的不易。模具的延期交付会严重影响整个产品的上市时间,因此当年的模具制造从业人员基本上都是"三班倒",工人们被客户催着走,整个行业都是救火式的管理。易平深知当时的整个模具行业的发展还处在传统阶段,他希望可以用自己所学,改善模具行业从业人员的工作环境,提高效率。

创业契机发生在易平读硕士一年级时,导师李建军教授安排他去位于山东的国内最大一家塑胶模具企业调研。易平坐了20多个小时的绿皮火车,满怀期待地拿着导师的介绍信到了那家企业,但接待他的负责人却拒绝了他想现场观察、调研的请求。因为这家公司正在使用的日本模具软件是他们公司的商业机密,日本人正在他们工厂运行这个软件,因此,负责人不方便带他去现场看,只能与他在会议室里聊一聊。易平仿佛被泼了一盆冷水,失望的同时他也被触动,"我们一定要做一款中国自己的软件。"那一次的碰壁让他暗下决心,中国一定能够做得更好。

从这时开始,创业的种子就埋在易平的心中,他立志要做一款中国自主开发的模具生产管理软件,这也是益模科技的创立初心。

从硕士到博士,易平在求学期间一直没有忘记自己的理想,他在课题研究中逐渐探索出了自己的创业之路。创业之初,一切都需要自己去摸索,这对于易平和一起创业的伙伴来说是最艰难的一个阶段。他们的团队中有四个人是学生,只有一个师兄有工作经验,但师兄也在创业一年以后因为身体原因离开。然而就在这样的困境当中,易平和他的团队没有放弃,而是坚持初心、稳扎稳打,使得益模科技在零融资的情况下成为行业的翘楚。创业至今,易平和他的团队秉持着改变中国模具行业现状的初心,研发国产自主的工业软件,通过数字化、智能化相关的产品和技术改造制造业。

经过十几年的不懈努力,益模科技研发出了可以替代国外软件的自产软件。创业以来,益模科技从来没有机械地学习,不是简单地复制国外的技术,而是贴近中国制造业的现状进行研发,让产品更贴近中国制造企业用户的使用场景。例如,在2006年,在益模科技将产品推向市场的初期,他们面临的客户群体是不会用鼠标、不会打字的工人,如何让这些工人通过软件系统开展工作是一件非常困难的事情。益模科技根据实际情况设计操作流程,把原来国外软件可能需要操作几十次的敲键盘、点鼠标动作变成了只要三个操作步骤就可以完成的新流程。这让益模科技的系统得以迅速在国内几百家工厂之间普及开来。当然,益模科技在不断地发展壮大中也突破了一些核心技术。模具行业大多采用单件生产模式,模具的个性化程度极高,这就使得生产流程的步骤变得至关重要。以往这样的生产只能依靠人力,效率较低。针对这一问题,益模科技自主研发的"高级智能排产技术"解决了这项难题。这项技术可以在几十秒内将几十万个任务安排到几百台设备上,大大降低了时间成本，这在国际上都是领先的。而谈到这一突破的意义时，易平表示，中国作为世界工厂，很多行业的规模是全世界最大的，包括模具行业。和国外同类企业相比，国内模具行业的人员基数较大，对于高效排产也有着较大的需求，需要技术突破提高行业效率。

易平与胡建平（左一，华科大材料科学与工程学院本科2000级、硕士2004级校友，益模科技联合创始人董事兼副总经理）的合影

一件正确的事情做下来，一定会得到很多正向的反馈，益模科技逐渐得到了客户的认可，这些认可又进一步让益模科技形成以客户为中心的核心价值观和企业文化。如今的益模科技是国内领先的工业软件及智能制造解决方案提供商，专注于智能制造解决方案十八年。作为国家级高新技术企业，它拥有近200项知识产权，已累计服务了近千家国内外知名制造企业。

创新创业

谈及智能制造，易平表示行业的发展是要有场域优势的。目前很多"卡脖子"技术中国没有优势，很大的原因就是这些技术所需要的应用场景最早是在国外出现的，在场域优势下，这些技术和产品就会在国外更早得到发展。但现在全世界最完整、最复杂、最具规模的场景在中国，我们可以在这些完备的场景中打磨产品和技术。易平相信，如果未来益模科技要走出国门，要把产品和技术输出到海外，会有巨大的优势。易平提到，现在制造业需要攻克的难题是如何推进产品标准化规模生产。所有的产品技术能够在尽可能多的客户中重复使用，这对降低成本以及提高企业收益都是非常重要的。这方面国外企业就做得比较好，经历过几十年的沉淀，国外的产品化能力、产品研发体系会比国内更加完善，这些是需要国内企业学习的。

作为优秀的创业者，易平为想要创业的同学提了几点意见。从个人发展角度，一定要找到自己的兴趣点以及它与事业的结合点，这两者决定了在你遇到困难的时候，自己能够坚持多长时间。如果只是为了创业，或者为了一些收益，那你很有可能会有临时工的心态。从公司创立的角度，选择的赛道要尽可能有足够的市场容量，能够支撑自己的创业梦想，方向要找到有一定宽度的，坚持下去才可以有相对独特的竞争优势，要兼顾宽度和深度。

易平认为，创业是一个商业行为，不能单纯以技术导向去看商业问题，要清楚技术应用市场的场景，而这就需要创业者自己去接触客户。

易平在创业阶段，调研了很多家广东和江浙地区的企业，把产品带入企业，不断接收企业使用产品后的反馈。在科研成果产品化之前，我们对产品能否在商业市场上开花结果要有一个大概的判断，最好的判断办法就是接触潜在的客户。在确认了市场之后，再来确认技术团队的研发能力，如果两者能够匹配，创业的成功率会大大提高。

朱凌穹（右一，华科大材料科学与工程学院本科2006级、硕士2015级校友，2011年加入益模科技，担任技术经理）、易平和胡建平的合影

易平对目前华科大的扶持创新创业举措赞赏有加，比如说像Dian团队等创新团队，这种方式历练了学生，也为学生未来创业打下了很好的基础，还有创业红娘，帮助学生融资、对接机构等。易平感叹这些都是他们当年没有享受过的一些福利，他也相信这些举措会刺激学子创业，对创新创业会有极大推动作用。

对专业的热爱和坚定是支撑易平取得现有成就的重要因素。在谈到

"生化环材，四大天坑"的言论时，易平觉得很多人妖魔化了材料专业。材料学子的就业面是非常广的，他们可以进入材料研究、工业软件、机械制造等行业，或者从事科技公司的融资、投资、管理岗位。易平当时的班级里面有26位同学，有11位同学在软件和通信行业工作，有8位同学从事制造业工作，还有几位在金融、贸易、教育等行业工作，甚至还有从事渔业工作的，其中大概有19人在管理岗位，真正是技术专家的只有3人。在校期间，大家除了把本专业的知识学好之外，还需要学习一些复合型的技能，要培养自己各方面的能力。

根据《科技日报》的梳理，目前中国有35项被"卡脖子"的技术，其中近70%和材料相关。易平作为材料领域的专家，对此感慨万分，他强调大家要重视材料专业。"要让大家都认识到材料真的是非常基础的学科，如果一旦突破或者是掌握相关的核心技术的话，对整个中国的竞争力会有巨大的提升和影响。"

易平觉得学生需要先认识到材料的重要性，才能对自己的专业产生认同感和自豪感。他对华科大的学子们寄予厚望：在未来，能解决中国"卡脖子"技术难题的人，一定能够在华科大材料科学与工程学院的同学们中产生。

吾将上下而求索，"方"得始终

——材料科学与工程学院优秀校友方方专访

方方，华中科技大学材料科学与工程学院2000级本科生，广东金鉴实验室科技有限公司（简称金鉴实验室）董事长，国家高层次人才，被评为CASA第三代半导体卓越创新青年。

她创立的公司金鉴实验室建成了中国第一条从芯片到封装灯具的LED失效分析线，成为世界上LED领域顶尖的材料分析和失效分析实验室之一。

首摘桂冠，燃创业火种

2002年，"挑战杯"中国大学生创业计划竞赛（简称"挑战杯"竞赛）的宣传在华科大如火如荼，学校动员不同专业、不同背景的学子们组队参赛，并为参赛团队提供创业培训、导师指导和资金支持，由此掀起了一股创业热潮。方方当时正值大二，对一切都充满好奇，也被这股热潮感染。"当时学校对这个创业大赛非常重视，有新闻报道，还在校园内拉了很多横幅宣传、鼓励大家参加。我和几个同学一拍即合，报名参加了比赛，由我担任团队的负责人。"

"挑战杯"竞赛历时将近两年，赛程漫长而艰辛。它见证了无数青年学子的成长足迹，也成了许多怀揣创业梦想的学子们追求成就的舞台。从学校的选拔，到省级团队间的角逐，再到全国团队间的巅峰较量，每个阶段都考验着方方团队的智慧和决心。在大学期间，方方几乎投入了大二之后的全部课外时间专注于这项赛事。"我们成立团队的时候就定下了目标，一定要拿一等奖，再累再苦也要坚持下来。"方方说。

方方作为主要负责人带领团队一路过五关斩六将，不断超越自我。为了更好地推动项目，她经常在学校图书馆一坐就是一整天。团队成员来自多个学院，多元的专业背景让他们拥有不同的思维方式和看待问题的角度。大家充满热情、互相学习、共同探讨、解决困难，取得了一次又一次的新突破。

2004年11月，方方团队获得第四届"挑战杯"中国大学生创业计划竞赛全国金奖！这一成就不仅是方方团队获得的第一个金奖，也是华中科技大学，乃至湖北省高校在该项赛事中首次摘得的桂冠。从学校第一到湖北省第一，再到全国的金奖，这一路的艰辛锻炼，让方方的能力得到了全方位的提升，她对自己的专业有了更深刻的理解，也学会了如何组建一个高效协作的团队。老师称赞她为"天生型的创业选手"，她也开始意识到自己在创业方面的兴趣和天赋。

这段经历也成了方方在读硕士、博士期间，以及创业过程中的重要支撑。方方的故事由此展开了，她将自己的专业知识和创业激情结合，创立了一家专注于第三代半导体氮化镓和碳化硅芯片和器件失效分析的新业态的科研检测机构——金鉴实验室，建成了中国第一条从芯片到封装灯具的LED失效分析线，成为世界上LED领域顶尖的材料分析和失效分析实验室之一。方方说："怎么样建团队？怎么样寻找市场方向？怎么样寻找这个市场的突破点？怎么样通过查阅文献弥补自身知识的不足？这些都是我从创业比赛的训练中慢慢学习到的，我非常感激那段经历。"

欲穷千里，攀"进阶"征程

"不论是比赛、学习，还是人生规划，我一直在追求一种进阶的状态。"代表学校拿到"挑战杯"竞赛全国金奖后，方方并不因为荣誉而沾沾自喜、止步不前。她潜心探索，及时将以往的成绩"清零"，制定更高的目标。

在硕士阶段，方方选择保研本校光电子科学与工程学院（现为光学与电子信息学院），进行LED方向的研究。"因为它就像材料一样，非常形象、具体，这样我就有空间去发挥想象、去创造，所以很愿意接触它。"方方说，"其实我还是在研究材料，只不过是研究光电子材料、半导体材料这一块。这是一片很值得开拓的广阔天地。"作为新兴学科，LED正处于蓬勃发展阶段，凭借着在创业大赛中摸索到的行业思维方式，方方判断它蕴含着巨大的市场潜力，坚信这个领域拥有广阔的发展前景。

怀着这种"进阶"的信念，硕士毕业后，她顺利获得"中英优秀青年学者"项目全额奖学金，进入剑桥大学材料系氮化镓研究中心攻读博士学位，师从世界知名电镜大师、英国皇家工程院院士科林·汉弗莱（Colin Humphreys）教授，在世界顶级实验室里从事绿光LED的MOCVD外延研究和接受TEM、FIB等材料表征设备的科研训练。"我在剑桥大学的导师是长期从事LED方向的，特别想招有LED研究基础的学生，我的经历、能力各方面都比较符合他的要求。"方方说。

"博士毕业之后，我发现LED其实是一个非常好的创业领域，因为那个时候LED在中国正处于起步阶段，有无限可能。"方方依旧延续着"进阶"的思维方式。而这一次，她的目标不仅在于个人的成长，更是希望能够尽己所能，推动国家的LED产业向更高的阶梯迈进。

据前瞻产业研究院公布的相关数据，"十二五"期间中国LED照明产值年均增长超过30％，2016年的产业规模达到5216亿元，是名副其实的半导体照明大国。然而，在高速发展的LED照明产业下，LED产品的质量却良莠不齐，每年有数十亿起的质量事故发生。方方将其所学运用到社会实际中去，发现当时国内的LED失效分析仍处于起步阶段，缺乏专业的分析公司，导致产品的检测报告不准确，"冤案错案"频频发生。敏锐的方方看到了这其中的机遇与挑战，于是，2012年，留学归国的方方创立了金鉴实验室，围绕"品质"这一核心关键，不断探索、拓展，一步步解决产业问题。

"很多人创业，可能觉得别人做什么，自己就跟着做什么，这是思想上的一种懒惰。对我来说，我希望人生的每个阶段都有不同的进步，我不可能做别人重复做的事，也不想自己总是重复做一样的事。"方方秉持着不断挑战、不断提升自己的人生理念，她说："所以我要以创新来推动社会经济的发展，以研究者的思维去创业，尝试不断地去创造一个个高峰。"

方方在实验室操作双束FIB设备

如今，方方从事LED材料研究工作已超过二十年，被誉为LED领域的"福尔摩斯"，专破行业产品质量的大案、要案。她相信，找准清晰的方向，才能开启更广阔的机遇。无论是参加比赛，还是埋首学习，抑或投身创业，方方都秉持着"进阶"的信念，在一个领域深耕，不断向前。正如她研究的LED一样，方方也散发着耀眼的光芒，为科学的进步和社会的发展贡献着自己的力量。

柳暗花明，化解初期困境

"创业，并不是学习好就可以，还需要我们有主动探索的精神。"

在创业初期，方方和许多初入社会、野心勃勃的青年创业者一样，面临着一大难题——投资问题。"就像创业大赛一样，除了有产品之外，还要有一个商业计划书，要讲故事，才能让评审专家认可我们的商业模式，愿意给你投资。"方方说。她按图索骥，尝试从书本、电视和媒体平台上汲取经验以吸引投资人，却始终未能得偿所愿。要知道，当时在市场上能够顺利拿到投资的中国创业者少之又少，对于方方这样一个刚刚毕业的博士生而言，既没有丰富的社会经验，又缺乏成功的案例，想要说服投资人，成功融资几乎是一个无法实现的幻想。

不甘心的方方一边经营着企业和团队，为客户实实在在地解决问题，一边不懈地寻找着投资机遇。在创业第一年年终整理账单时，她猛然发现，忙碌一年，公司获得的收入几乎全部来自客户。这让她做出了勇敢的决定：放弃寻求以"天使投资"的方式进行融资，而是把握眼前和当下，脚踏实地、全心投入解决客户问题以及探索产业难题。"端正思想，不求大而空，而是做小而精。"方方说，"有多大的能力，就做多大事。"

没有资金，方方就用检测服务费积累资金，有了一定的积累后，她用38万元购入了一台原价200多万元的二手扫描电镜。靠着这台设备和过硬的科研水平,她解决了行业无法排查的"LED硫化问题",原创性地推出"LED黑化失效分析路线图",将原本需要耗资1万多元、耗时一个多月进行失效分析的测试,降低到只需1千多元,并且仅需两天就能获得解决方案。牛刀小试,初露锋芒。这一突破使得金鉴实验室备受行业关注,大量订单纷至沓来,方方的创业之路渐渐迈入正轨。"痛苦源自人们追求那些无法实现的梦想和欲望。当你的欲望减小后,世界会变得更开阔,生活会变得更容易。"方方总结道,把心态调整得更务实,面对的困难也随之减少。

方方举办LED行业培训讲座

在方方的带领下,金鉴实验室为LED行业中2000多家企业解决了产品质量的疑难杂症,规避产业品质风险数十亿元。有90%以上的LED行业的上市公司为金鉴实验室的客户,"出问题,找金鉴!"已经成为LED各大公司品质部的口头禅。方方也被评为第三代半导体产业技术创新联盟"CASA第三代半导体卓越创新青年"。

展望未来,方方计划在氮化镓激光器领域进行更多的失效分析和材料表征的探索,推动氮化镓激光器商业化落地。氮化镓激光器应用广泛，涵盖激光电视、金属激光加工、汽车激光大灯等领域，但在国内尚未实现量产，是一个技术瓶颈。"我们要一项一项地解决'卡脖子'难题。"方方希望金鉴实验室在未来能够在关键的技术领域内取得更大的突破，为产业进步做出贡献。

赋能成才，设"双创"奖学金

"有天学弟突然发来照片告诉我，他在我们学校校庆的展板上看到了我当年比赛获奖的照片。"方方一边说着，一边拿出手机点开聊天记录里的照片。"看到这张照片的一瞬间我特别感动，之前的经历、回忆都一一浮现在我的眼前。"

2004年，方方作为团队负责人获得"挑战杯"中国大学生创业计划竞赛金奖

在华科大六年的学习时光中，方方发现了自己的兴趣所在，她遵循着初心，不断探索着知识的边界，实实在在地为社会、国家贡献着自己的力量。"我今天拥有的一切，和母校的培养是密不可分的。"方方感慨，"说实话，我在本科时投入了大量时间和精力在创业比赛上，课业成绩在班上不算特别优秀，很感激当时学校的获得金奖的前三名可以保研的培养政策，让我能够顺利升学深造。"华科大浓厚的学习氛围和对创新创业人才的培养体系，是方方成长的摇篮。她希望这种培养机制能够继续延续，鼓励不同类型的人才发展。

"当时我出于好奇搜了一下咱们学校的BBS，发现大部分的奖学金是面向学习成绩优秀的学生的，但我想，如果论学习成绩的话，能够被录取到华科大的同学，已经可以证明是成绩很优秀的人了。但是对于社会而言，真正的杰出人才，一定要具备主动探索的精神。"方方强调，"学校学习只是你达成目标、完善人格的基础，而非全部。"方方深知，在这个信息量爆炸的科技社会，我们更多应注重思维模式的培养和实践能力的锻炼。

怀着这样的初衷，方方主动联系学校，设立了"双创"奖学金，鼓励同学们在创新创业领域寻找兴趣所在，并将知识运用于实践中。她希望同学们不仅仅埋头于课本，也要积极投身创新创业活动，成为社会真正需要的复合型的人才。

如今，这项奖学金已经在材料科学与工程学院落地。首批奖学金基金捐赠额为20万元。2023年，第一笔奖学金按期发放，共奖励来自5个科创团队的11名优秀学子，奖励金额达44000元。惊喜与自豪充盈着获奖同学们的心声，这份来自学院的认可，让他们备感鼓舞。方方说："捐赠'双创'奖学金不仅是想从金钱上给予大家支持，更希望能够坚定我们材料科学与工程学院同学们对创新创业的信心，敢于创新，并把创新的想法落地。"未来，越来越多满怀创新热情的青年学子将在"双创"奖学金的激励下，踏着方方的足迹，书写属于自己的辉煌篇章，为建设"材料强国"贡献自己的力量。

足丈大地，引领强国梦

从本科时期率队代表学校斩获首个"挑战杯"竞赛全国金奖、种下"创业梦"，到师从世界知名电镜大师、攻读剑桥博士；从创立金鉴实验室，到回报母校、设立"双创"奖学金，鼓励更多学子投身创新创业。方方将创新的力量和奋斗的意志融为一体，身体力行地诠释着何为"材料强国"。

科技磅礴力，材料耀国光。材料科学犹如巨大的基石，支撑着现代社会的发展和科技的进步。对于"材料强国"，方方有着深刻的理解和展望。她指出，"强"并非虚无缥缈的目标，而在于如何解读和实现它。"首先，探索新材料是不可或缺的。每一次新材料的发现，随之而来的是科技的跃升和经济的腾飞。其次，改进现有材料同样至关重要。通过微观工具和各种检测工具，发现材料的缺陷并加以改进，推动材料科学迈向新的高峰。所以，'强'要有目的。"

方方深知，"材料强国"的责任和担子都压在年轻学子们的肩上。为此，她寄语材料学子，"脚踏实地是打好根基之关键。唯有坚持不懈，时刻准备去面对挑战，才能创造出伟大的成就。""立大事者，不惟有超世之才，亦必有坚韧不拔之志。"在科技的舞台上，踏实执着是取得成就的基础，只有坚定不移地投身于科学的探索中，百折不挠地克服困难，才能共同创造出一个更强大、更繁荣的"材料强国"。

君子以言有物，而行有恒

——材料科学与工程学院优秀校友王金波专访

王金波，华中科技大学材料科学与工程学院2006届本科生、2009届硕士研究生，广州久砥新材料科技有限公司（简称久砥新材料）创始人、法定代表人及CEO，广东奇砺新材料科技有限公司（简称奇砺新材料）创始人和法定代表人。

在美国重重限制下，多项"卡脖子"技术难关需要我们攻克，而材料领域，则是攻关长征中不可或缺的一环。作为创业先锋和企业领头人，王金波注重公司的价值建设，以不怕吃苦的干劲、沉稳踏实的作风带领企业扬帆远航。

学非探其花，要自拔其根：学在华科大，习在创新中

二十年前，华科大绿荫下是浩浩荡荡的自行车大军；二十年后，梧桐语会饮咖啡厅的音乐声中，是王金波与母校的重逢。仿佛回到了在韵苑的岁月，王金波充满感情地回忆起自己在树林里的晨读，以及每次考试前在校医院旁复习的午后，"那个氛围，我在学校时还不觉得，离校后才意识到分外珍贵。"

"学在华科大"不仅是一种氛围，更是王金波在母校习得的学为习惯和价值取向。在校时，学风如空气般不显，却处处存在；工作后，她从不同学校毕业生的工作状态中，感受到华科大的学子们在学校学风影响下，所形成的踏实、勤学、上进的作风。王金波用产品的价值与价格作喻，她认为一个人的核心价值是最重要的，自我推销和包装依附于价值，产品价值上不去的话，产品最终是很难卖出去的。以产品的价值建设为基础，再合理定价才是可取之道。

工作后，在将理论知识应用到工作实践的过程中，王金波深刻认识到本科学习在人生价值建设中的基础性，很多她在本科期间学到的知识，在之后的工作中都起到了极为重要的作用。然而，她也强调，大学的学习绝不能以应试或是交差为目的，而是实实在在地理解和掌握所学的内容，在实践的检验中打磨完善，为建立起自身的知识体系夯基固本。

王金波所在的华科大材料成型与控制工程专业0205班全班毕业合影

科技创新竞赛，是她学业延伸的另一个方向。在本科阶段的学习中，王金波在打好学习基础之余，亦积极参与了如"挑战杯"中国大学生创业计划竞赛、"挑战杯"全国大学生课外学术科技作品竞赛等科创竞赛并斩获奖项。无论是商业计划培训，还是科技创新，她认为都是可以拓展学业的方向，这取决于我们看待不同领域知识的眼光、自身的学习目标与学习计划。

与此同时，王金波也建议学弟学妹们，课外拓展应有度，不可突破学校要求的底线。在王金波的本科求学期间，曾有过竞赛时间与考试时间冲突的情况，通过申请缓考等措施，所有参加了竞赛的学生均完成了学业要求，正常毕业。王金波认为，学习是学生的本职，打不得折扣。如果你"都想要"，那就需要你加倍努力，付出比其他人更多的时间和精力。

此外，王金波在学习中也十分重视对专业知识的理解，她会将课本中的理论模型放到现实生产环境中，以期加深、拓宽自己对知识的理解。王金波以注射模塑成型为例，在课本中，对这一工艺的介绍主要是用于铸造小件物品，但实际在企业生产运用中，需要用这个工艺做出大件物品，而如何做到这一点便是学习上的创新。创新对我们掌握和理解知识的程度提出了要求，只有将知识理解透彻，才能创新。

"创新说起来很空，实际上就是不断地解决实践中遇到的问题，以及主动去发现问题。"王金波谈道，创新离不开实践，更离不开创新思维与意识。她认为应试教育的弊端即在于固化思维，给学生确定标准答案，告诉学生一件事情一定是怎么样的。但更多时候，探索才是更重要的能力，这件事还可以是什么样的？学贵有疑，对于学生，尤其是本科生而言，他们大部分人的学习方法可能还停留在学习高中和初中基础知识的方法上，但探索与质疑的能力其实才是更重要的学习能力。

据她观察，很多学生进入大企业的细分岗位后，就像进入了一个"模子"，思维固化、行为标准化，在产品开发中他们甚至会产生"这个事情一定就是这样"的想法。王金波会鼓励他们勇于挑战，这个事情不是这样，还可以是哪些样子呢？企业需要挑战，需要新想法，需要活跃的、来自年轻人的创新。

"逆水行舟用力撑，一篙松劲退千寻"，落在个人身上，终身学习便十分重要。王金波回忆道，"就我个人的感受，我工作后，投入学习的时间和精力比在校时还要多。工作中，我看到很多学生在毕业后两极分化，有些人蜕变为极优秀的企业带头人，也有些人安于现状，工资和岗位多年不变。其实，大学学历只是一个敲门砖，虽然在华科大里的学习为我们打下了良好的基础，但在后面人生的漫漫长路中，努力也十分重要。"

身正而精诚，厚积而薄发：从CTO到CEO

王金波从本科毕业后便一直从事着与本专业相关的工作。在开始创业之前，她曾进入两家企业工作，根据自身所学知识，在持续学习与实践检验中，逐步对行业形成了自己的理解和认识。

在有了一定的认识后，王金波踏上了属于她的创业"长征"路。因为竞业限制的要求，在创业之初，王金波需要避开原来从事过的行业，从零开始进行全新的产品开发。

这是一条远离安逸和平稳的路，困难无时无刻不阻挠着她前进的步伐。

从CTO转型成CEO是她最困难的经历之一。在面对自己较少接触的领域时，她坚信从实践中增长经验、在实战里积累知识是第一要义。商务管理技能与技术开发研究是泾渭分明的两个领域，但王金波在技术开发方面的能力得到了实践的检验和同事们的认可，而坐得住"冷板凳"让她逐渐磨炼出了不怕吃苦、踏实、诚恳等品质，正是这些能力和品质让她成功地从一名CTO转型成CEO。

王金波表示，自己并不是一个善于自我包装、宣传营销的人。"惟天下之至诚，为能化。"诚哉，当年久砥新材料融资时，王金波没有明确的融资规划，且对投资方的领域也不熟悉，却成功获得投资。投资方在表达投资意向时，提出了三点原因，其一便是王金波作为团队领头人的专业水平和诚恳能吃苦的优秀品质。

2016年4月,王金波荣获江苏省徐州市"劳动模范"荣誉称号

2017年1月，王金波当选为江苏省徐州市第16届人民代表大会代表

同时，社会与企业也在不断发展着，为科技创新孕育着更为友好的环境。

"从我的角度来看，社会现在对坐得住'冷板凳'、能熬得住的人，越来越友好了。"王金波笑着讲起久砥新材料公司的发展。在整个企业发展、产品开发的过程中，王金波也面临过产品上线开发周期长、变数大等困境，但她以沉稳淡定的态度坚持踏踏实实地搞研究，而合作方对她亦以信任相付，坚定地支持着她的研究。在融资上，王金波一直持谨慎科学的态度。她深知，公司将融资得到的金钱使用起来很容易，但后续如何将投资方的价值回报落到实处，这个责任是由技术研发人员承担的。作为一名踏实、诚恳的技术人员，王金波会在每个项目融资前仔细评估，以踏踏实实做开发为落脚点，坚持只为合适的、真实的需求寻求融资。

创业之路向来是荆棘密布的。创业之舟行在材料行业的滚滚浪潮上，王金波无法松懈。问题的关键不是层出不穷的问题，而是在问题的背后，存在着那些安逸的退路——其实"躺平"一下，王金波的生活也不会太差，选择安逸后可能日子也能轻轻松松过下去。她也曾想过，真的要走创业这条路吗？当一个又一个浪头砸过来时，停留在岸上的舒适区又有何不可呢？

支撑王金波走下去的，便是一股"钻牛角尖"的干劲儿。虽然常年与困难打交道，她仍坚持着前进，一步步往前走，王金波认准了一个理儿，便是要保持自己前进的势头，培养核心竞争力，解决别人解决不了的困难。从本科毕业后直到今天，王金波始终负责材料方面的核心技术研发，在着手创业之前，她甚至又攻读了博士学位。读博期间，王金波在工作之余也坚持阅读，学习不辍。这背后，便是她坚定的信念——作为企业领头人、创始人，她的眼界和高度决定了企业的高度，如果她停下自我提升的步伐，在时代前进的浪潮中，她又如何能带领企业勇往直前呢？她不能，也不会让她的企业落后。正是这份舍我其谁、一股劲向前冲的韧性，为王金波在大学毕业后的新起点带来了不断前行的动力。

与此同时，乐观与能吃苦也是王金波创业路上的关键词。回忆起深夜学习读书、攻坚克难的那些时光，王金波爽朗一笑，"我就一点一点地积累嘛，反正不怕苦、不怕累，只要努力了，总是比不去做更强。"创业之初王金波没有资本，只有技术和热情，以突破技术壁垒为目标。努力如滴水汇聚，终成滔滔大江，助她乘风破浪，所向披靡。

2023年2月，王金波的硕士导师肖建中教授（中间）到奇砺新材料视察指导并留影，同门师兄梁建超（左一）陪同

云厚雨猛，弓劲箭远：对材料产业的洞察

沉淀，不仅是王金波的个人性格特色，更是她对材料行业最深刻的感受。

材料是一个很需要时间沉淀的行业，王金波总结道。从实验室里诞生一个成果，到形成一个产品，再到产品得到客户的认可，最终形成一个市场化的产品。要经历从原理到工艺，再到生产实践、工程实施，这样一个反复论证、变更、优化、二次开发的过程。研究的背后，是常被忽视的产品化过程。很多理念被提出来之后，后面的路是充满未知和风险的，这条路往往承载着企业对研发团队的期待。

这也正是很多材料专业的学生去企业参观、了解时感受到信息差的原因——似乎在学校实验室中所学的理论知识距离工程化应用还有很远的距离。然而王金波以自身经验指出，这绝不代表在学校学到的知识就是不重要的。相反，在企业做产品、满足客户需求时，高端顶层概念都源于在校时所学的原理知识的输出及升华，只有我们真正从业后，才会感觉到材料知识的浩瀚无穷。

材料生产是需要沉淀的，不同于软件或机械制造，在程序里输入一个值便会立马得到一个结果。材料领域目前尚没有这样的程序，因此，在研发材料时，需要研发人员有一定的工程经验。而在组织研发时，更需要深刻理解相关的原理知识，如久砥新材料以陶瓷为一个研发方向，涉及烧制步骤时，她指出如果对陶瓷烧制原理把握不透，便很难研发产品。有些工序需要专业工程技术人员才能测出材料里不同的物质，有些材料的配方设计、粉体制备，只有细分单位才能设计出差异化性能。在日积月累中，王金波感受到材料研发进行到最后阶段，在80分向90分甚至更高分迈进时，这个过程既是对研究人员的工程经验的考验，也是对他们的原理理解深度的检验。

材料行业的沉淀，来得格外慢一些。周期较长，是材料研发的另一特征，技术人员的认知、积累、创新，无一不需要时间。从产品的开发沉淀到成功做出被客户接受的成果，再到市面上流通的产品，这一条路走下来，实在是不容易。

产品的更新换代可能只需要一两年时间，但一款产品的开发上市可能需要花费好几年的时间。产品不同，周期也各不相同。比如组装类产品，一些核心结构部件的开发动辄花费三至五年的时间，而锂电池，从产品初具雏形到形成市场化这条路更是走了几十年。在这个过程中，技术人员的心理素质便格外重要了。材料科学产业化给王金波最直观的感受：第一，这个过程需要沉淀的时间很长，从产品开发到最终满足客户需求的过程特别漫长，需要研发人员特别能沉住气。一款爆红产品的出现，背后是很多技术人员数年来默默无闻地付出，在这个过程中他们可能还要面对各种质疑的声音；第二，产品研发对技术团队的要求会越来越高，既要求团队有深厚的理论功底，又需要他们有丰富的工程经验。

当初正是在很多技术被美国"卡脖子"的情况下，王金波走上了创业之路。以她从业多年的经验来看，我国目前被美国"卡脖子"的某些行业，如半导体，实际上都需要研究新材料才能攻克最后的堡垒。现在，编程计算算法、资本化设计、机械设计等方面，都已经成熟到了一定程度，大部分行业在梳理了自身的技术问题后，都发现难题卡在了材料上。尤其是珠三角地区，几乎每个企业都十分需要材料学专业的人才，材料已然成为企业的基础性一级需求。

在急需人才的大环境下，王金波认为，材料专业的学生更应耐得住寂寞、沉得下去，不能因见效慢而放弃。现在正是材料领域还没有完全"卷"起来的时候，社会需求在不断增加，各地政府大力扶持，机会不断涌现。"材料人"才此时正是企业的刚性需求，他们在材料领域将大有作为。

对于有创业意向的华科大学子，王金波提出了几点建议：

首先，毕业后直接创业是有难度的，如果同学们选择带着学校的资源和现有课题直接创业，也会有经验不足的问题。王金波举例，在松山湖国际创新创业社区附近有一家企业，由两个院士团队学生联合成立，有很多博士毕业后直接进入了该企业，他们的企业就由于员工缺乏工程经验而在产品产业化工艺上遭遇了很大的困难。学校的技术与产业化工艺间有很长一条路要走,需要创业者们步步为营,谨慎行事。

其次,在地区选择上,王金波建议同学们选择与创业行业相适应的地区。王金波选择珠三角地区,第一,主要客户集中在这一带,能快速响应客户的需求与变化;第二,珠三角地区电子信息领域工业体系完整,周边配套能力强,企业所需能得到快速响应;此外,当地政府的政策支持也是她的考虑因素之一。

最后,王金波站在从业者的角度强调了创新的重要性。王金波在公司的员工办公区内没有设计多少装饰,只有一句话——"不要轻言不能,不要轻言不可能"。王金波坚信,不能止于已确定,更要探索可能性。我们只有扎实的专业功底还不够,更应有创新精神、吃苦精神,不断给公司带来价值的同时提升自己的专业能力。

《周易》道:君子以言有物,而行有恒。王金波始终践行着华科大的校训——"明德厚学,求是创新",以一流的专业素养,务实诚挚的品性,坚持创新的精神勇往直前,所向披靡,亦为驶在创业航道上的后来者燃起明灯,留下启发。

匠心以恒,"明"志笃行

——材料科学与工程学院优秀校友王泽明专访

王泽明，华科大材料科学与工程学院材料成型及控制工程专业2004级本科生，中国核动力研究设计院核燃料元件及材料研究所科学技术办公室主任、党支部书记、研究员、硕士生导师。

他曾获中国核工业集团有限公司（简称中核集团）"彭士禄核动力创新青年人才奖""菁英人才""劳动模范""十大杰出青年"，四川省"五一劳动奖章"，中国核动力研究设计院"突出贡献人才——杰出人才"等荣誉。

初心筑路，启航材料之海

2004年，石墨烯首次从天然石墨中分离出来，这一发现揭开了二维材料的神秘面纱，在国内也掀起了一股热潮。这一年，高考结束的王泽明，懵懂中怀着憧憬，填报了华中科技大学材料成型及控制工程专业。

"那个时候网络还没有现在这么发达，但石墨烯被发现的新闻铺天盖地的，那是我第一次真切感受到材料的重要性，它渗透到我们生活的方方面面中。"王泽明回忆道。当年的好奇心驱使他拥抱了材料专业，那时的他未曾预见，这个选择将在未来帮助他铺展出一幅充实而美好的人生画卷，如同夜幕中的灯塔，照亮他前行的航程。

"我一直都对数理化比较感兴趣，也擅长动手做一些事情，所以学习材料知识的过程也是由衷地觉得开心。"在那个充满活力和朝气的时代，王泽明在严谨的学风中，奠定了扎实的专业基石，而这份坚实的基础则是他在未来工作中站稳脚跟的依靠。他继续说道："我的印象很深刻，那时我们学院的科研环境就很开放、师资力量非常强大，有李德群院士、崔崑院士给我们上课。学校的学风也非常好，大家都早起去前排占座，晚上自习室里也是座无虚席。"大学教育给予同学们的不仅仅是知识，还有人格的塑造。王泽明还提到母校"明德厚学，求是创新"的校训塑造了华科大学子的品行，成为他们人生道路上的共同信条。

"善始者实繁，克终者盖寡。"做一件事情最难的不是开始，而是坚守初心、持之以恒地做下去。王泽明在材料领域探索了十余个春秋，岁月未曾销蚀他对这个领域的热情,他对自己的研究领域始终怀有一颗赤诚之心。"最关键的是始终保持那份初心,始终将事情做到自己力所能及的极致。"他说道。除此之外,和睦友爱的团队也是王泽明能在科研领域深耕的坚实支撑,在科研领域,团队的支持犹如一座坚实的堡垒。他坚信,每个人都是团队的一部分,而优秀的团队就像一个温馨的家庭,在这个家庭中,大家互相扶持、共同成长,这样的环境让团队能够和谐一致地为实现同一个目标而沉浸钻研、努力奋斗。

王泽明做报告(一)

"自己的兴趣爱好和国家的需求要尽可能地衔接起来,这种信仰的力量会持续带给我们工作上的动力和热情。"王泽明强调,对专业领域的好奇心和探索精神同样至关重要。面对专业领域中的未知部分,正是无穷的好奇心驱使他不断地探索、创新,登上了一个又一个看似难以抵达的高峰。

初心和好奇心是不灭的火焰,而坚韧和合作是驱动航船驶向前方的风帆。正因有了这些，王泽明犹如一位执着的探险家，在材料这片海洋中追逐着梦想的光芒。

知行合一，夯实基础之垒

材料工程领域广阔无垠，机遇多如繁星，研究机构以及高端制造行业亟须这方面专业的人才。刚毕业的王泽明内心充满了对未来的好奇，他决意要在自己的专业领域找到一片立足之地。"毕业后我想在自己的专业基础上尝试更多新鲜的东西。当时我对核电很好奇，想了解核电领域，看看自己在这个领域能接触到什么。"王泽明说，"另一方面，我的姥爷、爸爸都是军人，耳濡目染之下，让我从小到大都有一种军工情结。所以我希望能发挥自己的专业特长，为我们祖国的军工产业献出一份力量。"由此，王泽明加入了中国核动力研究设计院，希望深入核能领域，亲身探寻其中的可能性。

中国核动力研究设计院汇集了全国各行各业的精英人才，以及最前沿的技术和最丰富的资源。得天独厚的背景让王泽明得以更有力地凝聚科研智慧、攻克行业难题、携手团队共同开创未来。"说实话，相比私企和国企，可能私企在收入、待遇方面要好很多，但是在那个时候，大家求职时都没把收入摆在第一位，一门心思地想要紧跟国家的脚步。"王泽明心无旁骛，将自己的追求与国家需要相结合，选择了国企这艘前进的航船。

初来乍到，为了尽快掌握之前从未接触过的核燃料元件零部件特种焊接专业技术，王泽明一有空闲就捧起专业书仔细揣摩。同事说："每次见他，要么是手里、要么是衣服兜里，一定会有一支笔、一本书。"设备说明、焊接规程、维护技巧……相关的专业基础书都被王泽明翻得纸页有些破损了，上面的笔记也是密密麻麻的。技术总结会、学术交流会，在他看来，不仅是不同技术人员、不同专家之间知识的碰撞，更是智慧的积淀。然而，王泽明深知，纸上得来终觉浅，光靠理论难以洞悉真谛。因此，他潜心扎根研发一线，不畏条件艰苦、工作繁琐、人员短缺等困难。同事们总能看见他为了同时安装、调试多台设备，在院所楼上楼下跑来跑去的忙碌身影。

春种一粒粟，秋收万颗子。在核动力领域默默耕耘的这些年，王泽明也硕果累累。如今的王泽明，对激光焊、电子束焊、扩散焊等特种连接工艺早已驾轻就熟，能够娴熟地解决实际焊接技术中的各种难题。同时他针对精密成型、高端装备制造等专业领域也着力拓展，2017年，他和团队攻克了一种内填低熔点高纯金属的特种探测器精密控长封装瓶颈技术，为我国全面实现反应堆压力容器辐照监督管国产化研发替代提供了有力支撑。2021年，他和团队共同研发出的一种核燃料元件贮存格架组装焊接方法及焊接保护装置，成功申请发明专利。这项发明让我们能够在狭小的空间内精准、高质量地实现密集焊缝连接，有力支撑了我国华龙一号新型乏燃料贮存格架的研制……类似上述的创新性研发技术还有很多，而这些技术的逐一突破，有力地支持了核工业领域焊接技术的进步，为焊接技术在核领域的应用带来了新的发展机遇，也为工程实践提供了强有力的支持。而立之年，王泽明以满腔热血追逐梦想，将理想抱负付诸现实，以"初心不忘，芳华不负"的信念引路，在担当与行动的道路上心无旁骛、笃定前行。

对专业的热爱，对社会的责任，对国家的情怀化为无限的热忱，照亮王泽明前行的道路，指引着他在探索未知的海域时劈波斩浪、勇往直前。

王泽明做报告（二）

烈火真金，助力"华龙一号"

"华龙一号"是我国自主研发的第三代核电机型。辐照监督管是反应堆压力容器内不可或缺的关键装置，其作用在于监测和预测反应堆寿期内压力容器材料的变化，从而评估其在规定工况下的安全状态，优化运行参数，确保反应堆的安全运行。然而，该部件主体由高精度温度传感器、剂量探测器以及精密薄壁结构件组装焊接构成，结构复杂、精度要求高、焊接难度大。由于国外严格的技术及商务封锁，同时受限于国内的技术瓶颈，辐照监督管多年来始终未能实现国产化，成为制约我国核电自主可控发展及"走出去"战略的关键瓶颈之一。

王泽明团队承担了辐照监督管理的研发工作，但开局并不顺利。团队研究解决方案半年仍未能找到攻克方向，有人甚至一度认为不可能利用现有的技术条件实现焊接——这对他们来说无疑是严重的打击。眼看着半年多的努力就要化为虚无，王泽明沉静下来，审视所遇、梳理所失。他不断追问自己：为什么无法实现？瓶颈卡点在哪？我们还有什么可用的资源和方法？怎么组织那些资源，又如何实施那些方案？实施以后得到的结果反馈如何？又可以怎样改进？

王泽明带领团队推敲着每个细节，反复验证、不断反思。办公室里经常出现他们加班的身影，实验现场更是成了他们的"第二个家"，每一滴汗水都承载着不屈的决心、印证着他们的坚持。拨云见日，困扰半年的难题，终于因他们的决心和努力而被顺利破解。"有时候我的性格挺'轴'的，出现的问题越是难，越是要解决。"王泽明说道。

这是一场专业的搏击，也是一次意志的历练。"面对困境，首先就要把心静下来，因为只有心静下来以后，才能进行深刻的思考和自我反省。当然还要保持积极的心态，正确看待问题，绝不能一蹴而就。"王泽明以亲身经历分享了自己摆脱困境的方法，他说："坚守信念和决心是很多人最终能走出困境的原因，其实很多人都是熬过来、拼过来的。"

2016年12月2日，辐照监督管正式通过中国核能行业协会新产品技术鉴定，获得3个"国内首次"的较高评价，达到了国际先进水平。2017年12月，王泽明携辐照监督管代表中国核工业集团有限公司（简称中核集团）参加了2017年国际创新创业博览会，获得时任共青团中央书记处常务书记贺军科"了不起"的高度称赞，并作为中核集团唯一代表参加了中央企业青年双创项目发布会，成为青年创新创业的典范。2018年，作为"华龙一号"的关键部件，辐照监督管首台套成功落地巴基斯坦，成为我国核电"走出去"的重要助力。

历经苦熬，始得豁然。王泽明勉励华科大学子："我们在期望成功的同时不要害怕失败。很多时候可能要经历一次、两次，甚至更多次的失败，才能达到你想要的最终结果。"前路漫漫，风雨兼程。成功之路总是伴随着坎坷和荆棘，跨越艰难后并不一定是坦途，然而恰恰是这些逆境，才能让人锻炼出更为坚毅自信的人格。

王泽明在车间工作

行者风范，勇攀巍峨之峰

在中国核动力研究设计院核燃料元件及材料研究所，同事们常常称呼王泽明为"马老师"——马也，一骑绝尘，志在千里；师也，以学高为师，以身正为范。因为两者兼具，"马老师"的绰号便被传开了。

王泽明曾获中核集团首届"彭士禄核动力创新青年人才奖"、"菁英人才"、"劳动模范"、"十大杰出青年"，四川省"五一劳动奖章"，中国核动力研究设计院"突出贡献人才——杰出人才"等荣誉。荣誉的背后，是一位青年科研者的坚持和努力，王泽明则谦虚地将荣誉归功于整个院所。"要做一个有益于国家的人。"王泽明身负国家任务，感受到作为科研工作者所担负的国家责任。他潜心研究技术，在各个方面善于创新、敢于创新，努力解决关键问题、推进核心技术实施、突破重大技术瓶颈，最终实现了关键产品的国产化。

王泽明深耕核动力领域，对材料有着独到的理解。他强调："在前沿领域，材料扮演着重要角色，影响和引领着国家的现在和未来。"材料问题是当前我国发展中的瓶颈问题之一，尤其是高温/超高温特殊结构材料、功能材料以及功构一体材料，对国家的战略至关重要。网上关于"生化环材，四大天坑"的说法甚嚣尘上，王泽明对此表示："在我们国家目前的工业体系发展过程中，材料起到了极其关键的支撑作用。虽然从表面上看，材料在工业体系中不总是占主导地位，但在实际应用中，它推动了许多产品和装备的发展，很多关键技术的瓶颈难题就是材料方面的问题，材料的重要性是不言而喻的。所谓'材料天坑'，有这种说法可能也正是因为材料无处不在，谁都在做材料。但是我们要知道，最终能够影响社会、国家的，往往是真正有本领、有抱负、有追求、有韧性的专业科技人才。"

青春气象蓬勃，未来足音铿锵。目前，王泽明正在攻读博士学位，期望用技术创造更多有价值的成果，勇担团队职责，实现团队的高效工作和有序发展。虽然近年来王泽明的工作重心逐渐从技术转向管理，但他依然斗志昂扬，坚守技术底线，持续夯实专业技术基础，在创新的道路上一步一个脚印地继续前行。

星火燎原，熔铸材料之梦

"大学期间的学习和实践经历会给我们将来的事业带来很多帮助。"王泽明如是说。作为一个社会阅历丰富的工作者，王泽明的职业道路与母校华科大紧密相连，他坦言："走出校门，进入职场后，你会发现不同大学出来的学生身上的品质、风格真的不一样。华科大给我们打下了一个非常扎实的专业基础、人格基础，这个基础让我们能在工作中站得住、立得稳。"

离开了象牙塔，社会生活并非总是一帆风顺，它有十分残酷的一面。王泽明指出，进入社会也意味着大家将面对更多的挑战与压力，这时就需要大家保持坚强的意志和百折不挠的勇气。他深知年轻人心怀朝气和梦想，这份热情难能可贵。"要做一个对国家、对社会有用的人。"王泽明寄语正在求学的学弟学妹们，"充分利用我们的拼搏精神，勇于肩负责任，敢于迎接困难。我们要坚守初心、踏实行事。"王泽明的言行传承着"材料强国"的使命，诠释着"为中华之崛起而不断努力"的坚定信念。

以科技为引领，以创新为动力，中国正以惊人的发展速度在世界舞台上崭露头角。科技巨浪滚滚，似钢铁之江势不可挡；新兴技术崛起，犹黎明之初大展宏图。每一次突破，都是人类智慧的结晶，是不懈奋斗的足迹、国家崛起的基石。"材料强国"是创新智慧的源头，亦是未来腾飞的引擎。

在强国的舞台上，材料学子们身负伟大使命，将智慧熔铸于每一次实验中，将汗水倾注在每一次研究里。追求卓越，挑战极限，以知识之舟驶破前行的浪潮，在创新的征途上耀眼闪烁。

"承"星履草，"继"往开来

——材料科学与工程学院优秀校友阎继承专访

阎继承，华中科技大学材料科学与工程学院2004级本科生，原材料科学与工程学院2004级团学联办公室主任，材料成型及控制工程专业0401班党支部书记，三一文化产业公司总经理。

他于2008年毕业后就入职了三一集团有限公司（简称三一集团）旗下的三一重工股份有限公司（简称三一重工），历任计划员、科长、车间主任、生产管理部部长、董事长办公室组长、总裁办经理、总监助理、副总监，现任三一文化产业公司总经理，曾获三一集团"首届诚信标兵"，两次获得"岗位标兵"和2019年度"三一人物"等荣誉。

"承"星履草,"继"往开来

春种一粒粟,秋收万颗子

2004年,结束高考的阎继承同大部分的考生一样,面临着人生的第一个重要选择。"怎么选专业,我的第一个想法就是材料。"谈起与材料的缘起,阎继承的眼里闪着光芒。"高中的时候我就很喜欢读材料方面的科普杂志,那个时候读了很多科普文章,关注我们国家的各种现代化科技进展,特别是基础材料方面的瓶颈问题。"

课外阅读打开了他的眼界,让阎继承感受到了自己和国家、民族、世界的连接。在深刻地感受到了中国科技飞速发展,为此而骄傲和自豪的同时,他也认识到我国材料行业的总体水平与国外发达国家之间的差距。"为什么那时我们的飞机发动机造不出来?为什么那时我们的航空母舰造不出来?为什么那时我们的高精尖武器造不出来?其实这些都跟材料密切相关。"阎继承说道,"我就特别不理解,难道我们中国人笨吗?当然不是。"就这样,阎继承感受到了自己肩上的使命与重任,坚定了自己未来专攻的方向。

对材料的坚定选择,除了兴趣使然,阎继承也综合考虑了多方现实因素。他当时特地来到武汉,到华科大校园里找到材料科学与工程学院"就地考察"。当时华科大的材料成型及控制工程是一个炙手可热的专业,"我们有院士,有国家重点实验室,而且还是国家A级的重点学科。我们读的是一个有着顶尖资源的专业,广阔天地,大有可为。"阎继承谈及这些时,脸上充满了自豪。"材料一方面是我个人的兴趣所在,另一方面，对于我们个人也好，对于人民群众生活也好，包括对于国家、民族，都是极有价值的一个专业。那还有什么理由不选择？"

阎继承于2022年在长沙参加五粮液湖南营销战区年度品牌大会

学路漫漫，行则将至。华科大校园里浓厚的学习氛围也让阎继承养成了奋发向上的品质。他对自己始终是高标准、严要求，"不管是学习，还是工作，如果说你一直保持着无所谓的态度，那么你根本不可能进步。"在本科阶段的学习过程中，阎继承在认真学习材料成型及控制工程专业的相关知识，在完成基本学业以外，他还辅修了工商管理专业。他合理利用时间，培养自己各个方面的能力，在大三结束时就修完了两个学位的学分，成为材料科学与工程学院2004级第一个走出学校、走进企业开展实习工作并在企业中完成毕业设计的学生。在学校学到的知识为他以后的工作打下了坚实的基础,"我在学校里学到的这些基础功课和知识,帮助我更快地理解我的工作、梳理好工作。"阎继承说。

十年磨一剑,出鞘必锋芒

阎继承在选择工作时,看到的不仅是脚下的现状,还有材料在未来的发展,以及自己的使命与情怀。"我自己学的是材料专业,金属加工实习理论课、实习课都上了,对于机械制造有种天然的感知和兴趣。"毕业后,阎继承选择了三一重工,并且这一干就是十五年。在他眼里,三一重工是一个材料成型及控制工程的相关知识应用前景广阔的地方,它就像一个钢铁裁缝,在电光火花中穿针引线,把钢板、螺丝帽变成一台台实用的机器。

2008年,三一重工的年销售额只有约两百亿元,生产环境没有现在好,企业实力也没有现在强。阎继承以生产管理实习生的身份进入公司,进去之后从下料计划员做起。"什么叫做计划员?就是车间生产的时候会有很多道工序,车间需要生产指令才能运作。需要计划员把生产指令下达到各个工序,我就是干这个活的。"对待基础的岗位、基础的工作,阎继承的态度丝毫不马虎,"当时公司要求我们每个月都提交工作改善提案、学习心得,我们的职责不仅是干好自己的本职工作,还要在工作中发现问题,并且向公司提出好的解决方案。"

工作不久的阎继承就发现了问题:当时整个制造部门,从下料到机加、焊接、装配、涂装、调试,不同程序之间没有很好地衔接,因为新品订单及客户急单比较多而导致经常缺件，需要调度员逐个调度和追料，整个生产流程和运营效率有较大的改善空间。阎继承看到了问题，立马着手解决。他花了很多时间重新梳理计划，试着用图表的形式更好地呈现生产进度信息，让复杂的问题以可视化方式呈现出来。用一张A4纸、一个表格，清晰地呈现了整个制造体系每一批次生产订单的完工动态。领导看到这个表后非常满意，投入使用后，生产流程的信息更加清晰，生产效率也得到提高。阎继承说："我做这个表格前前后后摸索了近三个月，不断地改进。一开始也不懂怎么弄，就是反复地摸索表格的格式、逻辑，包括完工率、开工率、备料完工率、批次计划完成率等，这些指标都是我自己定义出来的。我还记得最后我在表格上面写了个大标题——日事日毕、日清日结。"

除此之外，阎继承还发现工厂下料车间的钢板存在浪费情况，"一块钢板就像一张A4纸一样，把需要的那个零部件切割下来后，就会剩下很多边角料，部分钢板利用率甚至不到50%，浪费很明显。"

但是那时候是工程机械设备供不应求的时候，公司对生产任务的关注更多，原材料浪费的情况未得到管理层足够的重视。"当时我给公司提的第一个报告就是钢板利用率偏低。我们可以把这些零部件通过套料、改变订购钢板的尺寸来提升利用率，这个报告得到公司高层的高度认可。"阎继承谈起这个经历，十分有成就感。"后来公司就任命我当组长，推动研发、工艺、商务去改善这个问题。"阎继承联系研发和制造车间，精准测量钢板的尺寸，推动商务部门，按照尺寸重新采购工业材料，让钢板的尺寸刚好和主要零部件的尺寸匹配，减少边角料。大概一年的时间，阎继承带领的小组团队给公司节省下来的"边角料"价值将近800多万元。

"以成本意识为例，制造企业大体上就是一个买入原材料和卖出成品设备的过程，成本控制得好，企业才能有更多的盈利，大学生在进入企业工作后要培养自己的这种成本意识。"阎继承总结并提醒道，"对于我们材料专业的同学来讲，一些金银铜铁及贵金属材料的价格大家要时刻关注，保持对不同金属成本的感知和对行业动态的了解，这个非常重要。"

心有猛虎，细嗅蔷薇。材料学科的专业知识帮助阎继承在工作中关注到更多细节，他在工作中提出过很多提高材料利用率的方案。阎继承举例："例如对于某些零部件来说，Q235钢和Q345钢是可以通用的，并且Q345比Q235性能更好，那么我们用性能更好的边角料去切出一个可以用的零部件，既节约工序又节约成本，岂不是两全其美？但如果你不懂材料的话，或者没有学过工业工程，那就很难有这种意识，继而就很难发现并解决问题。"

阎继承于2021年在鄂尔多斯

十五年如一日，阎继承的心态依旧像那个十五年前刚刚步入社会的大学毕业生——永远在学习，丝毫不懈怠。他说："虽然说比较辛苦，但是我能感受到自己的成长，这种感觉是很幸福的。"阎继承把三一集团定义为自己的"第二所大学"，在三一集团的每一天，阎继承都觉得自己充满了能量："为什么说我在三一集团工作了十五年的时间，但我并不觉得枯燥？因为我在工作中会面临很多挑战，没干过的事儿，那我就去想办法，搞清楚怎么干；谁干得好，我就跟他去沟通、去学习。即便已经工作这么多年了，我还是会找到还在大学的同学，借他们的卡去图书馆查资料，还会联络在大学里教过我的教授，向他们学习行业前沿的研究文献。我一直在学习，而且我觉得学起来越来越有意思，所以我一直保持着在学校里面一样的状态。"

奋楫而笃行，潜心勇攻关

十五年，阎继承一直在高负荷下运转，经常自主加班到晚上十点以后，周末的时间也投入到工作中，是名副其实的"三一奋斗者"。

十五年，经历多个岗位，从计划员到科长、车间主任、生产管理部部长，转而从事商务岗位，后又牵头成立三一文化产业公司……阎继承的成长与成功，离不开他的日夜辛劳、深度思考。

树高千尺，其根必深；江河万里，其源必长。阎继承谈起一段过往的泵车发展史，"泵车是非常重要的建筑设备，在20世纪90年代，我们使用的泵车基本上都是进口的，非常贵，但是没办法。"从1998年开始，三一重工通过自主研发和技术攻关生产的泵车逐渐占领国内市场，替代进口泵车。但是，问题还没有完全解决：国产泵车臂架钢板技术还不成熟，需要从国外进口钢板。"当时我作为计划员，很清楚从国外进口的钢板确实质量很好，切割非常整齐，但就是贵，28000元一吨。"不仅如此，国外生产商还会断供，并联合起来遏制中国工业企业。"那时如果国外不卖钢板给我们，我们的泵车就做不了。就像现在的华为手机一样，华为的手机芯片设计得非常好，但是美国不让台积电代工华为的5G麒麟芯片，华为的手机就没办法做到完美，只能买美国的4G芯片。"

阁继承于2023年6月30日在三一集团总部，领取三一集团先进青年集体荣誉奖牌

阁继承回忆，三一人敢于打破垄断、不信邪，"国外卡我们脖子，我们就自己干。"从2006年研发到2009年量产，三一集团做了大量实验，消耗了大量钢板材料，投入了大笔研发资金……潜心钻研、开拓创

新，终于攻克了这一难关，通过自主热处理，让三一集团生产的钢板达到了优于进口钢板的指标。从那以后，泵车臂架的钢板价格从28000元一吨骤降到7000元一吨，也不再受到国外的限制。"这项材料研发创新是我们华科大的校友、三一集团的'首席科学家'易小刚先生主导完成的，我虽没亲身参与研发过程，但我目睹了我所在的企业在材料方面做出的巨大创新成果，更让我觉得我所学专业是非常有意义的。单这一项材料技术的创新，我们集团就破解了泵车生产的原材料制约，让我们一年直接节省成本24亿元。所以我更加感受到材料学的巨大价值。"

点点星光，汇成时代的星河。未来的中国，技术创新极为重要。材料强国，正在成为现实。

愿以梦为马，定不负韶华

习近平总书记在党的二十大报告中寄语广大青年，"怀抱梦想又脚踏实地，敢想敢为又善作善成"。时刻怀揣梦想，是一个人保持激情的秘诀。

"三一集团里流传的一句话我很认同，'人类因梦想而伟大'。因为心中有梦想，对个人有要求，所以我们才会有更强大的动力，才能够扛得住很多事儿。"阎继承分享了一个令他十分感动的故事。1986年，三一集团原董事长梁稳根和其他三位创始人，在湖南结为兄弟。他们四个大学生，用手绢写了份血书：为中华民族腾飞贡献出毕生心血。"为什么梁总他们能从普通人成长为著名企业家？他们在那个时候、那个年代写下的这句话，足以体现他们深入骨髓的爱国之情和振兴中华的远大梦想。到今天，三一集团的奋斗目标是要成为工业技术和数字技术融合的样板，这就是梦想，是值得我们为之奋斗的梦想。"阎继承回忆，自己刚毕业时就坚持要去一家有情怀的民族企业。"当时三一集团在招聘现场播放的招聘宣传视频里的一句话深深地打动了我，'一个拥有十几亿人口的泱泱大国，不可能进口一个现代化'。我当时听了这句话之后，深有感触，认为三一集团就是一家有情怀、有担当的民族企业，后来我就来到了三一集团。"

阎继承在公司里，有两个外号——"拼命三郎"和"鸡血哥"。"在工作很难的时候很多人会悲观，甚至想要放弃，但我一直保持着一个比较乐观的心态。工作是很辛苦，有时候甚至可以说很痛苦，压力很大，但是我始终是开心的。因为我在做一些很有意义的事情，这些事情能证明我的价值，这个非常重要。"风好正是扬帆时，不待扬鞭自奋蹄。阎继承认为，同学们在学习中或者将来步入社会，一定要找到自己的价值，并且努力实现自身价值，这个过程固然是坎坷的，但选择一份自己热爱的事业能够让这些曾经的荆棘转化为人生的养料，"这可以让你在工作中一直保持那种精神上的激情和幸福。"

同时，阎继承也对当前大学生进入企业工作提出了一些建议："首先技术能力是重中之重，也就是专业能力，这是平地起高楼的重要基础。其次是沟通能力，我们要能够十分大方地在人前展示自己，也要能够在团队中与队友协同配合，协调好关系与责任。此外，逻辑思维能力也极其重要，能不能快速地看到问题的本质，把一个复杂的事情快速、准确地概括出来，是个人能力中非常重要的方面。"阎继承补充道，"最后，情商和品德也非常重要。我印象很深的是，在我读大学时，食堂的阿姨误操作给我的饭卡里多充了800元钱，说实话我当时的内心很纠结。因为那时候我很拮据，做家教一次能挣50元钱，这多充的800元是我做

16次家教才会有的报酬,当时我的脸都发烫了。但是冷静下来之后,我说不行,一定要跟阿姨说并且把多充的钱退回来,人要光明磊落。直到今天,我还是很骄傲,这件事我做得很对。"阎继承笑着聊起往事,"无论身处哪里,个人的品德与修养都是至关重要的。三一集团倡导'先做人,后做事',我们讲'人无信不立''平生不做亏心事,半夜不怕鬼敲门',这都是我非常认同的信条,在人生之路上,诚信、正直、阳光会为我们保驾护航,会赢得更多人的认可和支持,会让我们能更快、更稳地驶向成功的彼岸。"

阎继承在华科大材料科学与工程学院演讲

怀青衿之志,履践而致远

"'躺平'不可行,'躺赢'不可取,奋斗正当时!"这是阎继承对华科大学子们的寄语。在阎继承看来,大家从五湖四海来到华科大,一定怀揣着梦想，绝不是为了"躺平摆烂"、虚度光阴。滚石上山、爬坡过坎，只有蓄积"千磨万击还坚劲"的韧性，砥砺"越是艰险越向前"的品格，让个人的梦想与国家发展、时代进步同频共振，才能以行动力坚定自信心，为实现中华民族伟大复兴的中国梦不断凝聚正能量。

好事尽从难处得，少年无向易中轻。阎继承由衷感恩母校的栽培，也祝愿华科大学子们"于道各努力，千里自同风"！

阎继承在华科大校门口留影

"志"存高远,功不唐捐

——材料科学与工程学院优秀校友徐志军专访

徐志军，华中科技大学材料科学与工程学院2005级本科生、2009级硕士研究生，2012年毕业后入职上海电气集团股份有限公司（简称上海电气），历任上海电气核电设备有限公司项目部副部长、采购部部长、总经理助理，上海电气核电集团有限公司市场项目部副部长，现任上海电气核电集团有限公司安全质量部部长。

缘起:"昨夜西风凋碧树。独上高楼,望尽天涯路"

回想起高考完后的志愿填报,徐志军坦言:"当时没有现在这样发达的互联网让你可以搜寻海量的信息,也没有这么多人教你怎么填志愿。我当时对于一个专业的认识完全取决于字面意思上的理解。"

在迷茫之时,徐志军静下心来翻阅相关书籍,了解到"21世纪的技术瓶颈和未来的发展取决于材料",也认识到材料学在社会运用的广泛性。

对材料专业的选择是徐志军长时间搜集信息和思考的结果。到现在,徐志军回忆起当时的情况时,仍然坚定地说道:"我没有换专业的想法,选了这个专业就认真做。"坚守初心,从一而终。来到华科大材料科学与工程学院,徐志军就做好了迎接所有挑战的准备。

迷茫之时跳出迷雾,"独上高楼",就能看到远处的答案。

慎行:"衣带渐宽终不悔,为伊消得人憔悴"

谈到自己的大学生活,徐志军回忆道:"从本科到现在,我并没有遇到过无法跨越的、巨大的困难,但在工作中经历过很难熬的阶段。这些难熬的阶段最终就是靠我在大学时形成的价值观、人生观与方法论克服的。"

大学期间，徐志军的班级一直被评为"优良学风班"，班上的同学普遍学习努力、成绩优秀。在这样的环境中，徐志军一直保持着优异的成绩。激烈的"竞争"并没有让他感到焦虑与压抑，反而成为帮助他成长的外部驱动力之一。因为在他看来"在某个方面投入大量精力的前提是你要想清楚，你想成为一个什么样的人。"

谈到这里，徐志军陷入了回忆。记忆中，很在意成绩、平常在学习方面很努力的几名同学，后来都选择了继续深造。"有的人适合做科研、喜欢做学术，那他们'卷'绩点当然无可厚非。"

但同时，他也认为大学新生中早早就能明确人生目标并为之努力的人毕竟是少数，更多的同学是盲目的，还没有想明白自己适合干什么。他们在迷茫的时候容易受周围同学的影响而随大流，从而参与到某一条赛道中，这样一种焦虑和不加选择的努力是没有必要的。

"很多时候，选择大于努力。"徐志军认为，面对'内卷'短视只会加重个人的焦虑感，每一位同学都要先找到自己努力的方向，在一个正确的、适合你的道路上稳步向前走，最后大概率会获得成功。反过来，如果你很迷茫，完全不知道自己想要什么，只是盲目参与竞争，最后"卷"的东西其实对于你个人的发展很可能没有太大用处。

谈到自己大学期间的状态，徐志军表示自己也有过迷茫的时候。但是后来通过不断地思考和尝试，他慢慢发现自己的兴趣点不是做研究，而是走出校园、走向职场。在确定了自己的人生方向之后，他努力的方向就更加精准了。

谈到大学期间最令他受益的书，徐志军说是《史记》。这本书是徐志军在大一时从一名大四学姐手中购入的，直到现在还放在他的书架上。

"志"存高远,功不唐捐

徐志军于2024年在延安宝塔山

成百上千次地翻阅让书中的人物典故、处世哲学早已烂熟于心，他说："《史记》中记载的都是历史上赫赫有名的大人物，他们的处世之道是可以直接应用到我们的日常生活中的。"从大学时读过的文史类书籍中领悟到的方法论，直到现在还令他受益。

除此之外，徐志军还喜欢听文史类的选修课和讲座。高中期间，徐志军就非常喜欢历史和地理，即使最后选择了理工科，他对于文史类知识的喜爱仍然保留了下来。

"这些文史类的知识教会了我树立正确的价值观、人生观和方法论，还提升了我与人沟通交流方面的能力，而这个恰恰是职场中最重要的能力之一。"徐志军认为，"科学人文总相宜"，理科生也可以多学习文科方面的知识、多培养自己的人文情怀，在提升思维、拓宽认知的同时，为个人发展打好基础。

毕业后徐志军选择国企，继续在我国材料重点领域发光发热。"你可能也听说过，国企是出了名的起薪低、晋升节奏慢。"面对只有同龄人三分之一的起薪和漫漫晋升路，他回想起身为"材料人"的坚守和初心，最终选择了"熬"下去。"刚开始是会有落差感的，也会陷入自我怀疑中。因为几位在校成绩和研究水平与我差不多的同学都拿到了比我高的工资，但是材料是国家重点研究领域，国家需要我，我义无反顾。"

"月亮"与"六便士"不可兼得，与其他人的对比一度使徐志军陷入了自我怀疑——是继续坚守初心、在材料领域坐"冷板凳"，还是与其他人一样进入高起薪、晋升快的"互联网大厂"？尽管有时会感到煎熬和焦虑，但徐志军还是坚定选择了前者。短暂的困难没有使他退缩，强大的内心力量和对于材料的热爱支撑着他一直"熬"下去，熬过焦虑，熬过自我怀疑，熬过每一次的挑战。

徐志军在外旅游

他一直记得一句话"上善若水。水善利万物而不争，处众人之所恶，故几于道。"这句话教会了他坚持，即使备尝辛苦，"处众人之所恶"，也要坚守在自己的"道"上砥砺前行。质变的前提是量变，这种"抱朴守拙"的智慧支撑着徐志军"熬"过了所有难熬的阶段，成就了他的今天。

从本科生到研究生，从大学到工作，徐志军没有遇过太大的困难。习以为常的自律与"泰然处之"的人生观绘出他的人生底色——即使"衣带渐宽"仍然一往无前。

卓越材料人 ◆ ——华中科技大学材料科学与工程学院校友访谈录

回首："众里寻他千百度。蓦然回首，那人却在，灯火阑珊处"

"我很喜欢胡适先生的一句话，这句话直到现在还是我的座右铭。这句话就是'功不唐捐'，也就是说所有的付出一定会有收获。"回忆自己一路走来的经历，徐志军说，"任何一件事情认真做了都会有收获。有的收获是即时显现的，有的收获是需要时间才能意识到的。"对于徐志军而言，再回首时会发现有些成长真的十分"奇妙"。大学时做的每一件事情、读的每一本书，都是成就现在的他的基石。谈到这里，他遗憾地说："我当时参加的学生工作和科技创新竞赛太少了，我真的很鼓励大家参加大学里面各种各样的活动。"

徐志军认为，每一个同学在心中都要有"劳必有所得"的信念，某个时刻曾经在学生组织中锻炼的某种能力、在科技创新比赛中研究出的某项成果、在校园活动中结识到的某个朋友……都会对你有帮助。坚信每一次付出都会有回报，当你渐渐变成一个"不计回报"的人的时候，成功就会找上门来。而这一切的付出将构成一个人的认知，这种认知是决定人生高度的重要因素。

"我一直记得一句话，'花一秒钟就看透事物本质的人，和花一辈子都看不清的人，注定是截然不同的命运。'这就是认知的力量。"当谈到自己一路走来，他认为人最重要的能力时，徐志军提到了"认知"。不管是在校期间还是走进职场，正是认知让徐志军看得"通透"，看懂一件事情，并且做好规划：面对班级中激烈的竞争，他选择首先寻找最适合自身的道路，而不是盲目'内卷'；面对工作，他选择坚守，以最朴素但最有大智慧的方式与困难对抗。"提高认知之后，你会看得很远，不会焦虑于眼前。"我们可以从徐志军的身上，看到思想和认知的力量。

"很多东西可能在大学时就是一个爱好，我也不知道这个东西在未来会不会对我有帮助，当时就是纯粹地坚持某件事情。但是现在看来，这些东西对我的帮助实在太大了。"当回忆起一路走来的每一次开始和坚持，徐志军表示很多的收获都是自己意想不到的。与其在一开始就衡量一件事情能不能带来功利化的结果，不如着眼当下，在探索的过程中成长。在一条路上越走越远之后，"蓦然回首"，成长早已在"灯火阑珊处"。

寄语："功不唐捐，玉汝于成"

"年轻人身上的焦虑和迷茫在任何一个时代都存在，只不过现在的社会将这件事情郑重其事地拿出来讨论了。"在了解了现在大学生对于"内卷"的看法之后，徐志军回忆起了自己上大学时的一件事，"我到现在都还记得我们有一个教授工程制图课程的老师，他在课上说：'现在坐在这里的人，以后如果有三分之一能从事本行业的工作，就已经很多了。'"

对于徐志军而言，人生中的变化是常态，不确定性一直存在。机会的降临和兴趣的变化本身就是不可预知的。不用因为看不到确定的未来而焦虑，只要把握住能够把握的当下就好。"机缘加上个人的努力，再加上你个人的想法——成功就是这三方面合在一起产生的结果。"

徐志军给了在校生三点建议：

首先，提高认知水平。"思想的高度，决定人生的高度"，徐志军建议大学生要多参加学校的活动、多阅读书籍、多学习知识来拓宽视野，提升自己的思维，丰富自己的认知。"理科生多学习文史类知识，在校期间一定要多参加活动和学生组织。"对于徐志军而言，从《史书》中学到的方法论，就是他最宝贵的"认知"之一。

其次，保持开放心态。"因为大部分人都是这样的，总认为自己是对的，自信甚至自恋，不太能听进去别人的话，特别是超出自己水平的话。"在徐志军眼中，只有保持开放的心态，才能够更容易接受别人的观点和建议，"在你只能看到两公里之外的东西而别人告诉你十公里以外有什么东西的时候，如果你执拗地不相信，就会吃亏。"所以，他建议所有的同学在遇到困难的时候都可以以一个开放的心态多向前辈请教，这样会少走很多弯路。

最后，保持平常心。徐志军认为，在大多数人"焦虑"与"内卷"的当下，要在保持平常心的同时相信自己，就会有很大概率获得成功。"大学只是人生的一个阶段，毕业之后还有很长的路要走。"在徐志军眼中，困难会因为能够克服而失去威胁，"作为华科大的学子，我相信大家都是很有能力的。"在他的字典里，与其"杞人忧天"，不如秉持"上善若水"的大智慧，相信"功不唐捐，玉汝于成"，把握当下，走好自己的路。

从"独上西楼"到"衣带渐宽"，从"蓦然回首"到"玉汝于成"，一路走来，徐志军走得很稳。这个"稳"是一种智慧，是一种通透的智慧。智慧之下，百炼钢化为了绕指柔，困难不再是绊脚石而是垫脚石。"志"存高远，功不唐捐。

实业兴邦，材料强国

——材料科学与工程学院优秀校友易梓琦专访

易梓琦，华中科技大学材料科学与工程学院2015届博士研究生，师从黄云辉教授和袁利霞教授。毕业至今，他长期专注于新能源电池的研究和开发，现任厦门海辰储能科技股份有限公司董事、副总经理、研究院院长，全面主持研究院的相关工作。

海辰研发团队已引进人才超1000人，覆盖材料研究、技术要素开发、电芯产品开发、系统产品开发等领域；牵头建立了测试中心以及PTO试验线，拥有全套电池及系统性能测试和安全测试设备，搭建了具备高柔性、高兼容性的研发制造试验线。

与材料学的缘起：懵懂的选择

2006年，结束高考的易梓琦和大多数刚刚走出高中的学生一样，在懵懂中跟随当时的材料学热潮，在家人的建议下报考了华中科技大学材料科学与工程学院。谈起自己和材料学的缘起，易梓琦坦诚地说："其实我当时没有想那么多，判断力也不够。只是当年全国的风气都是鼓励大家去学材料，掀起了一股学材料的热潮，加上家人的建议，我感觉这个专业不错，就选择了这个专业。"

刚入学时，他也和许多材料方向的学子一样茫然：什么是材料？什么是材料学？我到底能不能学好材料？学了材料以后能做什么？这些问题在易梓琦的心里埋下了一颗颗种子，随着他在材料这一行钻研得越深、越久，这一颗颗种子逐渐开始萌芽、生长，最后成为枝繁叶茂的大树。

探索学习：建立思维字典和底层逻辑思维方式

大学期间，易梓琦没有将自己局限在课程和老师教授的知识点中，而是更加专注所学内容和实践生活之间的联系。从学科着眼、起步，进一步了解科研前沿、社会发展的信息，再回到自身的学习方法、思考模式上，在这样的循环中易梓琦更加坚定了自己未来的前进方向。

关于学习，易梓琦提到了一种"查字典"的学习方法。就像我们小时候刚刚学习语文，老师要大家买一本字典，遇到不会的字、词，就翻开字典查一查。这样的"查字典"方法也同样适用于不同阶段的学习过程。

"那么多公式、定理，我们记不住很正常，有知识盲区也很正常。"易梓琦说，"不要害怕这种不知道、不清楚的状态，我们可以去查字典。在查的过程中，我们可以把知识建立成系统，在自己的脑中建立一个'思维字典'，甚至'思维图书馆'。当然，把这个系统和自己的生活实践结合起来，它会更加牢固。"

材料学是基础科学。谈到对材料学科的理解，易梓琦认为在学习材料相关知识的过程中，对他影响最深的，或者说最触动他的，是一种"底层逻辑的思维方式"。

"我们学材料科学基础、材料化学、材料物理，经常阐述物质的微观状态和结构，以结构为出发点去探析它的功能。我们通常称之为'构效关系'，也就是结构和效能的关系。"易梓琦从这样一个概念中提炼出了思考的方法论：通过事物、现象的微观状态和结构去窥探它的全貌，从而了解它的功能和效用。

"学了材料之后，学其他的工科专业会很好上手，因为已经锻炼出了一个底层的逻辑思维，学习万事万物时都可以训练自己用这样的思维模式去剖析它，做到格物致知。"

思维方式决定了一个人观察和思考问题的角度。不同的思维方式决定了一个人的判断、选择和做事的方式，普通人之间的智商一般相差不大，普通人之间的差别归根结底还是思维方式的差别。

"在生活中,我们可以多问几个为什么。看这张桌子,你能提出什么问题?"说着,易梓琦指了指他面前的桌子,"为什么它要做成这样的结构?为什么它能撑得住这些重量?假如放一个200斤的东西在这张桌子上,它还能撑得住吗?——当你看到身边的事物,能够自发地多问自己几个为什么,并且尝试着用自己已知的知识去理解的时候,说明你已经建立起了一个会经常思考的思维模式。这样的思维模式一旦建立,在解决其他问题或者理解其他事物的时候,你就游刃有余了。"

易梓琦结合自己的工作经历举例,他曾做过一份与他以前了解和学习到的知识完全无关的工作。刚接触这份工作的时候,他十分茫然,不知道如何下手。但是有了好的学习方法和底层思维方式的底子,他可以更好地思考这份工作的底层结构、原理,从微观、整体结构的角度延伸到功能性角度,在2—3个月的时间里,他做得比这个行业里的"老兵"更好。

"在这个时候,快速的自主学习能力和逻辑思维能力的重要性尤为凸显,而我这方面的能力也得益于大学时期的锻炼和积累。"易梓琦说,"学校里学的东西是基础和框架,我们的经历让这个框架变得有血有肉。"

从学到创业:拨开迷茫的云雾

初入职场,易梓琦如同当年在高考结束后填报志愿的那个少年一样,对未知的未来充满了焦虑、害怕和期待。"迷茫很正常,大学阶段,我们的信息量少,资源也少,怎么可能不迷茫?重要的是不纠结迷茫本身，而是一步步去拨开云雾走出迷茫。"易梓琦说，"我也是在最近两三年才找到符合自己价值观的人生目标。"

"刚工作那几年，我对自己的定位是一个文艺青年。"易梓琦笑了起来，"我那个时候学过架子鼓、吉他、街舞……什么都学，什么都尝试，但是最后都因为各种各样的原因没有坚持下来。"

"在创业初期，我的目标很简单，甚至可以说很世俗，就是赚钱。"易梓琦聊到自己的创业经历，"到了创业的中后期，公司规模不断扩大，员工人数不断增加，带着员工一起努力把公司做好就成了我的新目标。"

他说，在创业过程中，他逐渐发现自己身上更多的价值，慢慢体会到自己对社会的贡献和自己的需求。"像雅马哈公司，他们做什么都很厉害，从钢琴到摩托车，还有体育用品，甚至半导体……跨度大，范围广，并且它涉及的每一个行业，都能将品牌做到行业前列。我也希望能够把事业做成这样，对行业、社会的发展做出更大的贡献。"有了这样的目标信念之后，他开始主动争取各种东西，做事也更有动力。"但是，这个过程是非常漫长的，不要焦虑。在这个漫长的过程中，生活会给你带来挑战，自然而然你就会改变很多想法和态度。在这个过程中你会逐渐了解自己，并找到问题的答案——到底我要成为一个什么样的人。"

本科毕业后，我们会面对更加广阔的平台、更加多元的选择。每年毕业季，都有很多同学对未来十分焦虑：是升学深造还是直接就业？是选择"互联网大厂"，还是国企、外企，抑或考编考公？有的同学不知道应该怎么选择，觉得这个时期的任何选择都至关重要，会影响自己的一生。"一生太长了，它只是会影响你的一个阶段。"易梓琦说，"这些选择不过是节奏问题。先工作能够快速积累经验，升学深造能够让我们深入理解材料行业，未来晋升空间相对更高一些。它们都可以通向成功，不要太多地纠结和衡量其中的利弊，要敢想敢做。自己做的决定就是最好的，做了决定就绝不后悔。"

当下社会上有许多言论认为材料专业"就业待遇不好，工作环境不佳"，更有甚者总结材料相关专业的毕业生面临着三座大山：起薪低、环境差、晋升慢。对此，易梓琦的看法截然相反，他说："材料专业其实很好就业。我们讲工作待遇的时候，不能把这个门槛待遇作为行业整体待遇的标准，要从全职业生涯来看。有些行业就是一工作待遇就很好，而材料领域作为技术密集型的行业，个人技术经验积累越丰富、前景越好。"

"说直白一点，材料专业就像是万金油。"易梓琦说，"我们说三百六十行，行行出状元。其实各行各业都需要材料领域的人才，在锂电行业，材料专业的学子可以做材料开发，也可以做电环路设计，还可以做工艺设计……总的来说，材料专业的毕业生就业面是非常广的。"

创新创业：打破舒适区，不给自己设限

易梓琦的创业之路也非一帆风顺。

"创业没有很多人想象中那么光鲜，不是每天拿着一杯咖啡去办公室里坐坐就行，它的背后有各种困难和挑战。每天'肝'到凌晨才下班，业余时间还要调研、学习……"在创业时期的低谷期，高压和高强度的工作、屡屡失败的研发实验、公司资金周转情况紧张、无法支付员工工资……这些都是易梓琦经历过的艰苦时刻。

"那个时候真的很辛苦，我每天睡两个小时就起来工作四五个小时，再睡两个小时，又起来工作……这样的状态持续了大半年的时间。"易

梓琦形容那时的他处于一种近乎魔怔的状态中，每次出门前都要想一想，今天听哪首歌比较幸运？出门时应该先迈左脚还是右脚？要走哪一条路？"当时真的很崩溃，整个人的节奏都是乱的。"易梓琦回忆着自己的创业经历。

后来他慢慢从创业的低谷期中走了出来，他总结自己成功的原因：最首要的在于打破舒适区，不给自己设限。

"很多人在做事之前喜欢评估风险，我也是，总是会想到，做这件事情的后果是什么？是不是收益大于风险？要是事情最后没有成功怎么办？其实这就是在无形中给自己设限了。幸运的是，我当时的合作伙伴非常有魄力，就是要这样做，必须要这样做。"易梓琦说，这种魄力也感染了他，基于这样坚定的信念，他将大目标拆分为几个小目标，一步一步去完成，就像攀登台阶一样。"最后事情真的做成了。"易梓琦认为，很多时候给自己设限其实是因为当下的情况不够急迫，不是非要做不可。"假如你在一个孤岛上，什么吃的都没有，在饿急了的情况下，就算看到以前非常害怕的虫子也会去吃的。"他说，"现在社会的大环境相对好很多，很多同学从小到大基本没吃什么苦，所以觉得有很多东西可以为你们兜底，那么你们前进的欲望就没有那么强烈。"

"目标感就是驱使一个人前进的动力，所以我强调大家的目标感一定要重，要让自己做到以前不会做的事。通过这种目标和动力之间的良性循环，用正向的激励方法让自己往更好的方向发展。"

现在，创业取得阶段性成功的易梓琦自豪地说："我们现在的员工有几千人，未来还会有更多。"谈及工作中合作、管理的一些感悟，他说，其实大部分人的一生中有很大一部分的时间都在工作，工作的时间几乎占据了他们一生的70%－80%，甚至更多。如果同一个和自己价值观不符合的人一起工作，是一件非常痛苦的事情。所以在选择工作伙伴的时候，他更看重对方的价值观，要找到志同道合的人一起工作。

作为华科大人，易梓琦也提到，自己创业之后，在职场中遇到的华科大人都有着一股实干的劲儿，而且十分善于复盘总结与反思。"这是华科大培养的优良品质，它是伴随我们一生的。"

"你们一定知道那个舒适区、学习区、恐慌区的模型图。"易梓琦说，"最好的状态是在学习区里面，慢慢地把学习区变成舒适区，再把恐慌区变成学习区。虽然学习区可能也会让你焦虑——凡是你不懂的，都会让你感到焦虑。这是非常正常的事情，我们要善于找到平衡点，和自己和解。"

指引前路：实业兴邦，材料强国

谈到对材料强国的理解，易梓琦讲述了一个自己在工作中的经历。

在制造研发一个新产品的过程中，他们需要用到一个材料：聚丙烯薄膜，也就是PP膜。但是这个材料产品需要进口。在和外国的原材料供应商沟通之后，他们选择了一个不错的产品。但是面对他们的订单，这位供应商却说，不卖给中国。易梓琦对此非常愤怒，同时也感受到了作为"材料人"，自己肩上所担负的使命和职责。

催生新兴产业的新材料主要来自国外。一个基础的PP膜材料都会被国外卡住，成为发展产业链条的一道阻碍，这种情况让易梓琦更加认识到材料的重要性。材料是国民经济建设、社会进步和国防安全的物质基础，是实现产业结构优化升级和提升装备制造业综合实力的保证，也是发展新兴产业的先导。基础材料产业是实体经济发展不可或缺的基础，我国百余种基础材料产量已达世界第一，但大而不强，面临总体产能过剩、产品结构不合理、高端应用领域尚不能完全实现自给这三大突出问题，迫切需要发展高性能、差别化、功能化的先进基础材料，推动基础材料产业的转型升级和可持续发展。

从杯子、桌子，到芯片、电池，再到航母、核潜艇，从日常生活到国防科技，我们生活和发展的方方面面都和材料领域息息相关。我国的高端制造业并不发达，加之国外对关键技术和重要原料的封锁，想要改善这种状况离不开材料行业的发展，材料学子们将大有可为。

"材料研发是需要我们长期积累和投入的，但只要坚持，就一定看得到曙光。"易梓琦举例，"以电池产业的发展来说，在十几年间，我国电池的成本降低了80%以上。'实业兴邦，材料强国'绝非虚谈。"

结语

赤子情怀，铸国之重器；寒风利剑，耀华夏之邦。

在高密度信息化的时代，新知识的出现愈加迅速，因此对于当今尚处于本科阶段的同学们来说，最重要的是学会如何学习，掌握学习、思辨的能力。在易梓琦看来，作为华科大的"材料人"，我们要有离开舒适圈、迎难而上的胆识和魄力，也要有建立底层思维模式的智慧和勇气，更要有"实业兴邦、材料强国"的觉悟和信心。

华科大秉承着"育人为本、创新是魂、责任以行"的教育理念，向社会各界输送了数万名优秀人才，创造了优异的科技成果。作为一名

"材料人"，易梓琦感恩母校的培养教育。"于高山之巅，方见大河奔涌；于群峰之上，更觉长风浩荡。"他祝福师弟师妹们创新求是、砥砺前行，成为行业的领头羊，为社会科技的进步贡献力量，也祝福母校的发展越来越好。

"研"之凿凿，"行"之灼灼

——材料科学与工程学院优秀校友庞全全专访

庞全全，华中科技大学材料科学与工程学院2008级本科生，2012年本科毕业后他前往滑铁卢大学化学系留学深造，2017年获得博士学位，现为北京大学材料科学与工程学院助理教授。

他是科睿唯安公布的2020年、2021年和2023年交叉学科的"全球高被引科学家"，2022年斯坦福大学"全球前2%顶尖科学家"。主要从事高比能、低成本电池的材料研发和设计，在熔盐电化学、固态电解质、锂硫电池的高比能电极材料、高安全性电解质方面取得了一系列重大研究成果。

"研"之凿凿,"行"之灼灼

笃志勤学,追逐科学创新

随着科技创新步伐的加快,市场对新材料和能源的需求与日俱增,相关产业成了重要的新兴产业,有着巨大的潜能和广阔的前景。材料学科综合了物理、化学和生物等多个领域知识,其无限的潜力吸引着无数志向远大的青年学子投身其中,庞全全就是其中之一。

庞全全自高中起就对化学很感兴趣。"因为化学是一个创造性的学科,它可以帮我们创造一些新的物质、新的材料。"庞全全说,"所以当时在填报高考志愿选择专业时,我非常希望能够钻研材料化学方向。"

在华科大,庞全全感受最深的就是浓郁的学习氛围。"'学在华科大'名不虚传,这是一个绝对真实的说法。"庞全全说,"直到现在我都还记得,同学们都说,出寝室带着一个背包、一把雨伞、一杯水就够了。有这三个'一'就可以在学校里过得相当充实,你可以去自习、去上课,不怕风雨,不怕口渴。"

庞全全的宿舍位于韵苑,他常常穿梭于东九楼和西十二楼,奔波在上课和自习的路上,不辞辛劳但却乐在其中。他回忆道:"我记得大家白天有课就去上课,晚上我们大部分人都会去自习,一直学到晚上九、十点,再回到宿舍。"正是这浓郁的学习氛围,让庞全全养成了良好的学习习惯,同时也为他的学术科研之路打下了坚实的专业知识基础。

近几年有一句话在网络上非常流行——"生化环材,四大天坑;机械土木,两大护法"。"天坑"二字,让很多人不想选择"生化环材"这几个专业。庞全全对此并不认同,他鼓励广大学子要对材料学科的未来保持信心。他指出材料学科的应用极其广泛，涉及新能源、汽车、光电等多个行业，这些行业都需要专业的材料学子。"目前中国70%的被'卡脖子'的关键技术都与材料相关，这些关键技术的相关问题就需要我们'材料人'深入追踪并解决。"谈到材料学子的就业情况，庞全全充满信心，"材料专业的就业前景是非常广阔的，只要拥有足够的材料知识，材料学子就能在大部分行业中找到适合自己的位置，为国家的科技进步做出自己的贡献。如果我们的学子都能在材料专业深耕的话，说不定真的能让我们国家的基础科学整体向前迈出一大步。"

创新实践，探索全面发展

"纸上得来终觉浅"，只有将课本知识运用到实践中，才能充分发挥知识的价值。为了增强自己的动手能力，大学期间，庞全全积极参加了"永冠杯"中国大学生铸造工艺设计大赛。通过这次比赛，他不仅获得了实践经验，还培养了团队合作精神和解决问题的能力，激发了他对工艺创新和实践探索的无限热情。

庞全全以自身经历为例，呼吁同学们在大学期间追求个人的全面发展。他认为，在兴趣和学习之间，寻找二者的平衡点非常重要。无论是学习，还是做学生工作，抑或参加科技创新项目和学科竞赛，每一种选择之下都是一次宝贵的经验积累。"我们总是说'学在华科大'，但我们也要知道，学习只是大学教育中非常基础的一部分。除了学习外，全面发展也同样重要。探索自己的兴趣所在，找到动力，才能够形成良性循环，提高个人的能力。"庞全全说，"做学生工作也好，参加科技创新项目、学科竞赛也好，在自己决定了要做某件事后，就要全身心地投入其中，发自内心地去做这件事，这样，我们才能得到锻炼，学到课本上没有的知识和经验。"

如今，庞全全作为北京大学材料科学与工程学院助理教授，指导多名学生在课题组内开展创新科研。对教育他亦有自己的见解，他说："我觉得大学教育，包括我们华科大一直以来的教育理念，要塑造的并不是人人都一样的个体，而是要塑造出不同的个体，我们想要培养出的是不同的人。"庞全全鼓励大家在大学期间尽量展现自己的独特价值，成为独立思考、具有创新精神的人才。

与此同时，庞全全还分享了从事科研工作所需的能力和素质。他强调独立思考是科研的基石，同学们如果想从事科研工作的话，需要具备将不同知识聚合起来、综合解决问题的能力。科研工作常常需要人们进入未知领域探索，这要求我们具备坚忍的耐力和毅力。庞全全指出，进行研究就像进入无人区一样，初时我们可能会感到迷茫和畏惧，但我们需要独立思考，同时依靠自己强大的毅力攻克难关。独立思考、坚韧不拔是从事科研工作必备的关键能力。

"科研的道路并不平坦，需要坚持不懈地努力和毅力。"庞全全鼓励年轻学子们在科研领域追求和探索知识，成为拓荒者和开拓未知领域的先驱者。

庞全全在2023年达摩院青橙奖颁奖典礼上

心系祖国，激荡科学思潮

在华科大的四年学习中，庞全全发现自己对电池研发更感兴趣——电池复杂的化学反应就像一场神秘的化学奇遇，如磁石般吸引着他。他渴望深入研究电池材料，探索新型材料和结构，以提高电池的能量密度、使用寿命和安全性能。

在庞全全读本科的时候，我国在金属材料和传统材料上已经渐渐赶上了西方，但是在新型材料、功能材料等领域仍有较大差距。与此同时，庞全全意识到电池研发是一个跨学科的领域，需要更深入地理解材料科学、化学工程、电子学等多个学科的知识，才能更好地将相关研究落地。庞全全将个人对科学探索和工程创新的渴望，与国家技术突破及应用创新的紧迫需求紧密联系在一起。出国深造后再回国效力的想法植根在了庞全全的内心。

由此，庞全全的学术之旅迈入了新的阶段。他顺利地进入加拿大滑铁卢大学化学系深造，跟随一位锂电池领域的专家继续进行相关科研工作。在滑铁卢大学，庞全全扎根于科研土壤，深入探索锂电池领域的每一个角落，他的思维聚焦在锂电池领域的每一个细节上。面对繁琐的实验步骤和复杂的科研难题，庞全全始终怀揣着无畏的勇气，以坚定的步伐追逐着知识的光芒。他的努力和付出如同一把钥匙，打开了电化学能源技术的大门。

留学期间，庞全全把握机会参与各种学术交流会。在国际化的学术环境中，庞全全深刻感受到学术交流的重要性。他与来自不同国家和地区、不同科研领域的学者们进行深入的讨论，分享自己的研究成果和经验。这种跨学科的交流不仅丰富了他的学术视野，也为他带来了新的思路和灵感，激发出更多的创新火花。如今，庞全全在锂硫电池、锂金属电池、电解质、熔盐电化学等领域共计发表了30余篇论文，总引用数过万，真正实践着跨学科的融合研究。

"在滑铁卢大学感受最深的，我觉得还是科研心态的问题。一定要沉下心来，尽量不要被外界纷杂的事情干扰。"庞全全回忆，"我读博士期间，每天就是从住所到学校、实验室，三点一线，周一到周五每天早出晚归，当然也会抽空去打球。在这种生活节奏中，我更能够专注在自己要做的事情上，这样才能做出成绩。所以这也是我的一个建议，大家不管是读研究生还是读博，都要先安下心来，提升自己，才能在走出校门时接受外界的挑战。"

"其实无论是从硬件还是软件上来看，现在国内的科研教育和国外的科研教育大同小异。硬件包括科研的平台，还有实验室、器材条件等；软件包括如何抓住最前沿的问题，如何抓住工程上真正遇到的问题以及如何跟同事、导师沟通，逻辑都是一样的。"庞全全强调，"所以说，相比环境而言，最重要的还是个人的状态。"

2020年，庞全全博士后出站，他毅然选择回国。谈及回国发展的原因，庞全全语气坚定："对我而言，我始终是想着回国的，出国也只是为了学习国外先进的研究理论和思想，希望自己回国后能把这些带回国内，让这些进步的理论思想生根发芽。此外，从技术角度来讲，锂电池产业在国内的研究正处于一个爆发的前夜，机会非常多。"

庞全全课题组所有成员

引领革命，开拓储能未来

就现阶段而言，在电化学储能技术领域，锂离子电池仍旧占据着市场的主导地位。然而锂资源的价格和资源战略等问题日益凸显，导致成本居高不下。此外，锂离子电池本身的安全问题也给其在大规模储能应用方面带来许多不确定性。因此，我们迫切需要开发新型电池作为替代方案，以解决上述问题。

在这样的背景下，2022年，庞全全团队和麻省理工学院、滑铁卢大学、美国阿贡国家实验室等机构合作，取得了重要突破——他们共同研发了一种中温熔融盐铝电池。该电池具备多重优势，且由于其独特的脱溶剂化动力学特性，能够适用于多种大规模储能应用场景。

"我们的研究表明，铝和硫之间的多步转换途径允许在110 ℃的温度下快速充电，并且电池可以在非常高的充电速率下进行数百次循环而不会形成锂枝晶。"庞全全介绍着这项科研成果，"最重要的是，这款电池的成本预计低于当前锂离子电池成本的六分之一，具有低成本、可充电、耐火、可回收等优势。如果落地成为产品的话，它将为清洁能源发电并网以及电网调频调峰等领域应用带来突破性进展。"

Article | Published: 24 August 2022

Fast-charging aluminium–chalcogen batteries resistant to dendritic shorting

Quanquan Pang, Jiashen Meng, Saransh Gupta, Xufeng Hong, Chun Yuen Kwok, Ji Zhao, Yingxia Jin, Like Xu, Ozlem Karahan, Ziqi Wang, Spencer Toll, Liqiang Mai, Linda F. Nazar, Mahalingam Balasubramanian, Badri Narayanan & Donald R. Sadoway

Nature 608, 704–711 (2022) | Cite this article

82 Altmetric | Metrics

无枝晶的超快充铝电池论文

熔融盐铝电池采用了成本低廉且丰富的元素作为电极和电解质材料，显著降低了成本。同时，该电池采用无害的无机电解质，有效避免了安全性问题，与有机电解质相比更为安全可靠。这项科研成果在储能电池领域具有重大意义，为实现低成本、高安全性的储能方式提供了新的选择。"简单来说，在日常生活里，我们电动车的所有配件里成本最高的就是电池。但是现在我们团队研发出了最便宜、最经济的材料来做这个电池，而且同时也保证了这个电池的安全性，还加快了电池的充电速率，可以说是一举多得。"庞全全解释道。

庞全全对这项科研产品充满信心，"我们非常期待这项研究能够通过进一步的工程化开发，真正落地成为产品。这样我们国家在电化学储能的方向上，也许能够成功跨越硫酸铁锂电池、磷酸铁锂电池这两个坎，能够找到下一代的、真正能够市场化的这样一种电池。"

沉潜蓄势，致力"材料强国"

在《科技日报》梳理的我国的35项被"卡脖子"技术中，其中有将近70%的技术与材料相关。作为材料领域的专家，庞全全对此深有体会："我们最近开了一门工程课程，学生都是来自各个产业一线的技术管理专家，甚至还有总裁级别的领导者，可以说每个人都是行业的佼佼者。但是在跟他们讨论的过程中，我们发现不管是哪个行业，从化工光刻胶到芯片等行业，追根溯源，都是各种材料问题。所以我们经常说被'卡脖子'，其实就是被这些核心材料卡住了。"

庞全全在学术会议上做报告

"我们国家之前在材料研发方面的投入一直较少，没有深挖每一种材料合成的工艺、化工的工艺。我觉得应该通过摆数据、讲事实，把材料'卡脖子'的事情呈现在大家的面前，通过学术报告等方式告诉大家，材料瓶颈才是'卡脖子'问题的关键。"庞全全指出，"建议学校脚踏实地地把我们擅长的每一个领域做到国内领先、全球领先，然后着重于提高学生解决科研问题的能力。同时建立健全一些相关的体制机制，让大家能够真正沉静下来去研究这些材料，'材料强国'指日可待。"

凝心聚力谋发展，砥砺奋进谱新篇。唯有凝聚全社会的力量，共同致力于材料研发与合成工艺的突破，我们才能真正成为"材料强国"的引领者。对此，庞全全寄语华科大材料科学与工程学院的学子："相信通过我们的共同努力，我们必将开创材料科学的新篇章，为国家的繁荣与发展贡献力量，让我们的国家在材料科学领域走到世界的前沿！"

不为繁华易素心

——材料科学与工程学院优秀校友孙红梅专访

孙红梅，华中科技大学材料科学与工程学院2019届硕士研究生，中国人民解放军第五七一三工厂（简称五七一三工厂）高级工程师，中国空军航空修理系统焊接专业首席专家。

她曾破解62项修理难题，研发了12项核心修理技术，创造经济效益近2亿元，获2020年"全国劳动模范"，2017年"全国五一劳动奖章"，2018年"中国好人"，2019年"大国工匠年度人物"等荣誉。

择一事而终一生

1999年的一个夏夜，在湖北省襄樊站熙熙攘攘的人流中，站着一位面容清秀、身材高挑的姑娘，一双眼睛清澈明亮又坚毅无畏。她就是孙红梅，刚刚大学毕业的她，正准备前往鄂西北大山深处的中国人民解放军第五七一三工厂，开始毕业后的第一份工作。

"精神很充实的话，即使物质条件匮乏一点，吃糠咽菜也是幸福的。但如果精神很空虚，锦衣玉食也是痛苦的。"1999年，从新闻中得知中国驻南斯拉夫联盟共和国大使馆被炸的消息后，正在上大学的孙红梅深感我国当时国防力量的脆弱。"落后就要挨打！我当时就觉得一定要有自己的理想，保家卫国！"孙红梅的语气坚定。大学毕业后，通过高考从沂蒙山区来到大城市的她又毅然决然地选择回到山里工作。

航空发动机被称为"战鹰"的"心脏"，而它的维修问题则是世界机械维修史上的顶尖难题之一。孙红梅怀着赤诚之心来到五七一三工厂，然而现实却给了她当头一棒：本以为自己担负的是挑大梁的重任，然而实际做着的却是一份"不受重视"的辅助工作。面对理想与现实的落差，她顿感迷茫，深思熟虑后还是做出了继续探索下去的决定，她说："当时我想过回山东老家，但是总觉得不甘心，我觉得自己应该沉下心来，把这份工作好好做一做，看看自己到底能做出个什么来。只有尝试过了才能下结论，再决定自己到底走不走。"

刚进车间首先要当学徒，学徒的主要工作是修补黑乎乎的机械零件。拿起焊枪的她就如同士兵上了战场，要时刻集中注意力，眼疾手稳，不能有半点马虎。"技术员不能眼高手低，首先要有过硬的技术！"孙红梅的师傅姜巍给她下了硬任务，"半年内，必须拿到焊工资格证！"

孙红梅调整状态，苦练本领。她一握焊枪就是几十分钟，臂膀酸痛得使不上力，手上一次次被烫出水泡；眼睛常被电弧光打伤，一闭眼，眼睛就火辣辣地刺痛、泪流不止……。天道酬勤，半年后一条鱼鳞般的焊缝从她手下的焊枪下"流淌"而出，盯着漂亮的焊缝看了又看，孙红梅知道，自己的报国理想也已经牢牢地被"焊"在了这群山之中。

孙红梅在工作中

后来，孙红梅又参与研发脉冲氩弧焊技术，解决了当时工厂的重大难题。这让她感到，虽然自己所做的多是基础性的工作，但依旧能有所作为，依然可以为我们的国防事业发挥作用——或者说，正因为自己做的是基础性的工作，才能更好地让技术研发从结构上创新、从根本上改变。孙红梅意识到，自己的专业于社会的发展就如同建房子一样：基础打牢固了，才能建起高楼大厦。那时候她就下定决心，再给自己一些时间，看看自己留在这里到底能不能干出一番事业来。而这一留，就是二十五年。

毫厘之间，唯求极致

伴随着机器手臂的移动，金属零件上的一道裂痕迅速被"缝合"，干净利落、光滑平整。"干我们这行，容不得半点差错。航空发动机出了毛病，就可能导致机毁人亡。"嘈杂闷热的厂房里，孙红梅声音不大，但字字坚毅，"干，就干到极致。"

2013年，一批军用飞机的发动机机匣损坏，而当时国内没有成功修复这种机匣的案例。孙红梅首次打开机匣检查，发现它的内部构造就像俄罗斯套娃，一层又一层。当时采用的焊接方法是比较传统的电焊，部分辅助使用埋弧焊，这类方式焊起来的结构有很多缺陷，铸件容易产生裂纹、砂眼、漏气的情况。而故障点多发生在腔内视线盲区，机匣结构中层与层之间的间隔也很狭窄。孙红梅解释说："我们的一个难点在于空间狭小，另外一个难点就是需要仰焊。空间狭小的情况下，光是焊枪进去机匣内部基本上就把故障点挡住了，这一点对于焊接工作来说是很困难的，然后还要在焊接电流一达到、熔池一出来的时候就加焊丝。而且手眼协调这一块要做好，也是个难点。"因此，如何从外部准确找到故障位置，以及如何焊接漏点，是她当时面临的主要难题。

为了解决这个难题，孙红梅几乎几夜无眠，埋头反复研究飞机的发动机机匣。"原本必须将机匣'开膛'，但受零件结构限制，只能'微创'。"孙红梅说,"口子不能开大,开大了,机匣变形的范围就会大,很可能零件就会报废;开小了,焊枪又伸不进去。两头为难啊!"一天清晨,孙红梅同往常一样简单梳洗,突然她看着面前的镜子,灵光一闪——镜子!如果用一把类似牙医使用的那种长柄的小镜子反射机匣内部的情况,再做一把小焊枪,把钨极弯一下,不就可以焊到机匣腔内的故障点吗?

于是她设计出一个巧妙的方案:先在机匣外壳上切割出一个小"窗口",利用镜面反射的原理查找故障点,用自制的焊接定位夹具定位,再采用仰焊的手法将故障部位修复,最后将"窗口"补片焊牢。通过镜子反射,她找到了死角处的焊点,实现精准仰焊。孙红梅拿起焊枪立即落实设想,最终的操作窗口只有180平方厘米大!整个过程中,她严格控制参数,修复后的变形量仅有0.003毫米——相当于一根头发丝直径的1/25!孙红梅成功解决了这款机匣死角故障的修复难题,这一道工序后来也被命名为"镜面反光仰焊法"。

巧手超能堪鬼斧,精工远誉技无涯。从初入工厂的迷茫到工作上的初窥门径,再到后来坚定了扎根深山的信念,孙红梅凭自己的双手创造了一番成就。手握毫厘千钧之力,眼含秋毫不放之功。在研究出镜面反光仰焊法以后,她坚定了自己坚持的信心,目标也瞄向了更尖端的难题。

精于工而匠于心

"她从不做90分,争的都是100分、更高分。"这是同事们对孙红梅的评价。参加工作以来，她先后破解近百项修理难题，研发了12项核心修理技术，创造经济效益近2亿元。自己也从一名普通技术员，成长为工厂一级技术专家、中国空军航空修理系统焊接专业首席专家。

2002年，襄樊航空发动机修理公司成立，孙红梅被抽调过去，和两名同事一起承担全部焊接维修工作。孙红梅面对的第一个高难度任务，就是修理某型发动机涡轮叶片叶冠出现的大量磨损故障。受限于现有的焊接工艺，叶片生产厂专家和孙红梅的师傅都认为无法焊接。"师傅专门拿了一个叶片来焊给我看，一边焊一边就能听到裂纹产生时发出的细小的噼啪声。他对我说，'你看，确实焊不了。'"但即便如此，孙红梅还是坚持要尝试一切可能来解决这个难题。

整个夏天，孙红梅利用所有可利用的时间，"闷"在蒸笼似的厂房里不停地试焊。数百次查资料、分析、试验，她深入挖掘每一个可能的线索，细致地剖析每一个数据点，反复地进行实验验证……孙红梅终于找到合理的电流参数，攻克了这个难题，她的师傅也大吃一惊。这一次的成功让孙红梅备受鼓舞，更加坚定了自己为修复"战鹰心脏"贡献力量的信念。

二十五年如一日，孙红梅坚守在自己热爱的专业领域中，使命感和责任感驱使她不断探索着解决新问题和新挑战的答案，她的专业精神和坚定信念如同一个坚不可摧的磐石。"任他桃李争欢赏，不为繁华易素心。"这是咏梅的诗句，也是孙红梅的微信签名。不畏艰难险阻，不求荣华富贵，坚持做自己认为有意义的事情，始终保持精神上的满足。孙红梅锲而不舍地走下来，成了工厂的模范、行业的标杆。

砥志研思，精进不休

孙红梅回忆，在高考结束填报志愿时，学校给每位考生都发了一本厚厚的手册，手册里是对每个专业的详细介绍。那时她就注意到了材料这个专业，她觉得材料作为一门基础学科，对于一国的国民经济和科技发展起着至关重要的作用。怀着一腔报国之志，孙红梅填报了这个专业，并且在研究生进修阶段，她依然怀着坚持不懈的精神和严谨求知的科学态度在这个专业深耕。

"我本科学的就是材料专业，在我考研的时候，身边的朋友劝我换个方向，可以去学一个不同方向的知识，这样以后可以试试交叉学科的研究，但是我当时想的是把手头的工作做得更深入一些，把自己的专业做好。"带着这样的想法，2013年，孙红梅报考了华中科技大学材料科学与工程学院的材料加工工程专业研究生。后因为家庭、工作等原因未能如期入学，在2017年，她再次踏入华科大校园，开始了脱产的研究生学习。

虽然现在回忆起那时的生活，孙红梅语气轻松、侃侃而谈，但事实上，她的研究生之旅并不轻松：爱人常年工作在外、孩子周末要回家、父亲生病去世、母亲身体不佳……那段时间里，孙红梅不仅要忙着工作、学习，还要照顾老人和小孩。"每个星期天我把小孩送到学校后，就带着我妈坐火车赶到武汉。"为了在学习的同时照料母亲，孙红梅在学校南门的对面租了房，一出校门就可以到那儿。"那个时候我带着我妈在武汉一起生活，从星期一到星期五上课，星期五下午回襄阳的家。

星期五到家之前，我的小孩放学回家，也只能托别人帮我接一下。"

繁琐的家事、两地的奔波、高强度的课程……面对这些，孙红梅一如多年前刚刚进入工作岗位时一样，有条不紊、刻苦钻研、追求极致。她用半年左右的时间就修完了大部分学分，最后毕业答辩时也拿到了专业第二名的好成绩。

在科学研究上没有平坦的大道，只有不畏劳苦、努力攀登的人才有希望到达光辉的顶点。孙红梅寄语在校的同学们："要把握好在校的时间，天赋好比一朵'火花'，假如用勤勉努力去燃烧它，它将释放出更加强烈的光和热。"

匠心传承，创新筑梦

孙红梅与材料、焊接专业擦出的火花，也离不开她求学和工作路上每一位老师传授的知识、技能和思维。"我当时就是想真真正正地学点东西，我们学校的综合实力是很强的，"孙红梅说，"所以我才决定脱产，到华科大来读硕士。"

在读硕士课程期间，孙红梅遇见了一位让她印象深刻的老师——夏风老师。"夏老师是陶瓷研究领域的专家。"孙红梅笑着分享夏老师的趣事，"他讲课特别有激情，讲到比较激动的时候，就把外套一脱，我们都能看到他毛衣上的一个个破洞，不知道穿多少年了。我当时就觉得，夏老师本身就是对科研精神最好的诠释。"

当时，孙红梅正苦于工作上遇到的真空钎焊的成型问题：真空钎焊的时候，需要熔化钎料、控制成型。根据当时的工艺，真空钎焊的时候只能在钎料周围涂上阻流剂来保证钎料不会乱跑，但如果钎料太重了，会因为重力的作用四处流淌或者滴落，从而导致无法成型。"我跟夏老师学习了一段时间后，还真找到了他们的研究和我工作的契合点，把成型问题给解决了！"孙红梅说着，语气里不乏开心和骄傲。

基于这样的实践启发经历，孙红梅也对我们的同学提出了一些学习建议：在求学之路上，应该倍加珍惜师生关系，正如夏风老师给她带来的启发，与老师友好相处并进行有效的沟通交流十分重要。很多同学总是对老师怀有天然的敬畏之心，"有敬很好，但有畏不可。"孙红梅说，"在学校要把老师当朋友或者亲近的长辈，多跟老师交流。老师有很多经验和知识，这些光靠课堂上讲课是没法完全传递的。"

孙红梅分享了自己在"动力沙皇"马达西奇公司学习的经历，她深刻地体会到这家公司员工学习机制的精髓——"以老带新"。每天晚上，老教授和老技术员会进行现场教学，向新员工传授知识和技能，让他们快速融入团队并提高自己的专业水平。在教室里，黑板上的内容每天都在不断更新和变化。这种学习模式不仅可以帮助新员工快速掌握知识和技能，还可以让老员工通过教学不断提高自己的技术水平，形成一种良性循环，不断推动企业和行业的发展和进步。

补短板、强弱项、固底板、扬优势。从"材料大国"到"材料强国"，材料产业任重道远，很多地方需要学习，很多难点需要攻克。孙红梅如今也在工厂里运营着自己创建的"红梅工作室"，吸纳了一批创新能力强、很有潜质的年轻技术骨干，把"材料强国"的使命牢牢地扛在肩上。在言传身教中，她已带出了10名徒弟，其中4名成为技术专家。她说："我们有这么好的一个平台，今年也在冲刺国家级的示范性工作室，我想把我们年轻的队伍再继续往下带、往好带，让我们的钻研精神传承下去。"

立足岗位，兢兢业业；恪守平凡，传承匠心。二十五年的兢兢业业，二十五年的精益求精，从新手到高手，从高手到工匠，孙红梅没有什么豪言壮语，她始终在一线岗位，怀揣着一颗匠心，以精湛的技艺为中国材料产业的发展做着贡献。

材料强国，引领未来

"现在我们讲一代材料、一代航空发动机、一代飞机、一代装备，材料其实是其中最基础的。"孙红梅语重心长地说，"我们的材料跟国外的比还是有很大差距，毕竟我们不是从头建立的，我们的基础很薄弱。比如说我们有的高温合金，国外的能耐温到1500 ℃，甚至更高，我们的材料就不行，燃烧温度低了以后发动机的动力就差，我们飞机的性能就会上不去，机动性、速度都上不去。我们真的任重道远，只要你想做，就还有很多事情可以做。"

矢志不渝，精益求精。从"材料大国"到"材料强国"，是孙红梅对行业的美好愿景，也是她身体力行、无悔奉献的奋斗目标。孙红梅寄语华科大材料科学与工程学院的学子们："希望同学们抓住在学校的每一刻，好好学习知识的同时，注重思维方式的培养，建立系统思维、技术逻辑。"同时，她也表达了对学院的美好期望，"在老师们的带领下，在同学们的努力下，希望学院能建设得更好，未来能多一些学校、学院和企业的合作，让学科知识更有生命力，发挥更大的价值。"

"涛"澜壮志,"锦"程万里

——材料科学与工程学院优秀校友孟锦涛专访

孟锦涛，华中科技大学材料科学与工程学院2017级硕士研究生，美国圣路易斯华盛顿大学能源环境与化学工程硕士研究生，华中科技大学武汉光电国家研究中心在读博士，巨安储能武汉科技有限责任公司（简称巨安储能）创始人及CEO、中国化学与物理电源行业协会理事、湖北省浙江企业联合会（总商会）执行会长、武汉市青年企业家协会常务副会长。

他曾获第八届中国国际"互联网+"大学生创新创业大赛金奖、第九届"创青春"中国青年创新创业大赛（科技创新专项）金奖、日内瓦国际发明展金奖等荣誉，入选了"光谷3551创业人才计划"。他带领研发团队将电化学活性材料的分子设计合成与计算机辅助模拟相结合，构建了"FLMS"分子开发平台，独创了一系列新型铁螯合物分子，并首先提出了"对流增强型自分层电池"的概念，研究了新型电池的构筑原则，这个概念被诺贝尔化学奖得主约翰·古迪纳夫教授誉为"一场革新"。

基于全球首创的特异型铁螯合物分子技术，孟锦涛带领工程团队开发了面向大规模商用的全铁液流储能系统，实现电解液-电堆-电控"液流三电"全链条布局，成功将全铁液流电池储能产品商业化，该产品具备高安全性、高能效、低成本、长寿命等优势，得到各大能源企业客户的认可，使巨安储能成为国内第一家具备大规模商业化全铁液流储能技术的科技型企业。

选择材料：目标为引，信念为航

"材料是很多技术的基础学科，如果想在一些关键技术上有突破的话，就要从材料下手。"孟锦涛说。从高中时期开始，他就对化学产生了浓厚的兴趣。看着不同的化学元素重新排列、组合，奇迹般地合成出新的物质，这种奇妙的感觉深深吸引着他，激发着他进一步探索科学的奥秘。

怀揣着突破关键技术的宏伟志向，孟锦涛在高考时毅然报考了材料专业。本科期间，他延续着高中时期的信念和理想，对自己的未来规划十分明晰。"大二的时候我踏入实验室，从那时起真正开始接触实践，参与各类化学实验，进行分子合成和新材料的制备。这些实验给我带来了巨大的冲击。"孟锦涛回忆道，"尤其当新材料展现出比旧材料更卓越的性能时，那种创造出新事物的成就感是非常令人激动的。"大二时的实验室经历至今深深印刻在他的心中，成为他决心深耕材料领域的契机。

谈及是否要进入实验室，很多本科阶段的同学都会感到迷茫。对于这个问题，孟锦涛建议："每个人的选择各不相同，但必须确立目标，因为有了目标，才会有前进的动力，步伐才会逐渐清晰、坚定。无论选择何种方向，身为华科大的学子，大家都具备潜力和天赋。然而，如果缺乏明确的目标，就可能在原地徘徊。"孟锦涛强调目标的重要性。同时，在选择目标时，他建议尽可能参考两个方面：首先是个人的兴趣爱好，其次是紧跟整个社会的大趋势。孟锦涛鼓励学子们"思考社会的需求、国家的发展方向，并尽可能选择与之契合的目标。若能将个人的价值与国家的战略需求相契合，那将是极好的。"

孟锦涛一直致力于新能源储能电池方面的研究，十年如一日地将热情倾注在材料领域，而这一切的基础正是源于他清晰的个人规划和明确的信念目标。"首先我们要确立一个宏伟的目标，材料进步能推动人类科技的进步，这是一个宏大的愿景。然后，把这个大目标细化为小目标，例如涉及电池的一代、二代，甚至进一步分解成电解液、碳材料等。逐步拆解目标，每个阶段都能在材料领域找到新的突破点。其次，朝着为人类新能源事业做贡献的大目标前进，始终保持事业心。"孟锦涛说，"这样的双向驱动——既有大目标的引领，又有为事业努力奋斗的信念驱动，我们才能在材料领域持续创新。"

孟锦涛在第九届"创青春"湖北青年创新创业大赛现场

"涛"澜壮志,"锦"程万里

科技应用：赛事为台，创新为翼

2022年，是孟锦涛博士学习生涯中的一个里程碑。身为团队代表，他率领成员参加第八届中国国际"互联网＋"大学生创新创业大赛，团队凭借铁/锌基对流增强型自分层液流储能技术，在比赛中独领风骚。这项国际首创技术成功解决了储能领域的安全与成本等关键核心问题，拥有大容量、高安全性、高效能、低成本、长寿命和可回收等一系列优势。

在学校的大力支持和团队的协同努力下，巨安储能团队在展示中实现"零失误"，从校赛中脱颖而出，跻身省冠军，再到拿下国赛金奖，他们的表现非常出色。这一系列的荣誉，是团队不懈努力的结晶，也得益于孟锦涛在技术创新和团队领导上的卓越贡献。

孟锦涛团队参加第八届中国国际"互联网+"大学生创新创业大赛

回忆起获奖那一刻，孟锦涛淡然地表示："当时并没有什么特别的情绪，我觉得比赛只是创业过程中很小的一部分，还是要再接再厉。"提到团队获奖的原因，除了专业知识和技能创新之外，孟锦涛特别提到了综合多方面专业知识沟通表达、融会贯通的能力。"大学生活除了学习以外，还要补充自己其他方面的能力，比如说进入社团、学生会，把自己的社交能力、沟通能力和组织能力提升起来。进入企业后，你就能够很快脱颖而出。"孟锦涛结合自己的创业经历如是说，"比如说科技型企业，具备动手能力或者一些机械分析的能力都是工作中很基础的要求。然后就是把你自己课堂上所学的知识，转化、应用到工作中去。"

孟锦涛团队在第十二届"挑战杯"中国大学生创业计划竞赛合照

事实上，在参加第八届中国国际"互联网＋"大学生创新创业大赛之前，孟锦涛带领的巨安储能团队已经在"挑战杯"中国大学生创业计划竞赛、"创青春"中国青年创新创业大赛等赛事中斩获金奖，保持着

"大满贯"的骄人战绩。在这个过程中，他们始终保持着宠辱不惊的心态，通过一系列比赛的历练，孟锦涛逐步掌握了组建团队、创新创业和规划发展的技巧。每一次的参赛不仅是对团队整体能力的检验，也是参赛者个人心态的修炼和智慧的积累。

自2020年6月成立巨安储能工作室以来，孟锦涛团队从零开始，初步确定了基本研发方向。他们突破了溶剂双向分离、离子溶剂化相分配、物质溶解度等关键核心问题，将实验室里的技术逐渐打磨为成熟的产品——对流增强型自分层电池，这一成就也得到了专业人士的高度认可。锂电池的发明者、诺贝尔化学奖获得者约翰·古迪纳夫教授曾这样评价："这是电化学储能领域的一场革命性突破……与现有主流电池的结构迥然不同，非常适用于大型电站储能。"这样的赞誉，如同一轮明亮的太阳，照亮了他们辛勤努力的道路。

I am pleased to recommend the team of Jintao Meng and Yue Shen to participate in the China-US Young Maker Competition. The stirred self-stratified battery made by them is quite an innovation. It has a self-stratified configuration that differs significantly from existing main-stream battery configurations. Moreover, the battery assembly is simple. Also, stirring is successfully applied to promote discharge/charge reactions without disturbing the battery configuration. The battery exhibits good cycling stability and is applicable to stationary energy storage.

Yours sincerely,

John B. Goodenough
Department of Mechanical Engineering
The University of Texas at Austin

约翰·古迪纳夫教授评价"对流增强型自分层电池"的原文

创新创业：初心为锚，应用为魂

"巨安"二字，蕴含着"大规模、大容量"和"高安全性"的寓意，是创始人孟锦涛最初设想的简单而深刻的理念。"我想设计一种大容量且安全的电池架构，来解决当下储能方式中存在的问题。"

在此之前，国内外主流的电化学储能方案多采用锂离子电池。但锂电池的原料获取难、金属活泼性强，成本居高不下，储能时长受限，并伴随着使用过程中易爆燃等安全隐患，为大规模储能领域的发展埋下了隐患。

孟锦涛敏锐地捕捉到新能源电池领域的技术空白与巨大机遇，决心设计一款大容量、高安全性、高效能的全铁液流电池系统。为了将这一设想变为现实，他迅速找到了课题组中一些对储能领域同样充满兴趣的同学，共同建立了一个学生工作室，展开了一场充满艰辛的研究与创新之旅。这个简单而强大的团队，在孟锦涛的领导下，通过对技术问题不同角度的思考，推动着电池领域的创新，不断追求着"巨安"的电池梦想。

在创业初期，他们也经历了漫长的试错过程。"虽然说实验了上千次都一直出错，但是这上千次的实验也不都是原地踏步的，我们还是在一步步地往前走，发现了一些现象。"孟锦涛说，"虽然上千次听起来很多，但是如果拆开到每一天的话，也就是一天四五次，所以这其实是一个常年积累的过程。作为科研人员就得有一定的基本素养，面对失败不气馁，甘愿坐'冷板凳'。如果能在这样一个比较平静的状态下，每天进步1‰,一年以后再看,这个进步的范围就很可观了。这种对于科研的热爱就是支持我们不断前进的动力。"

巨安储能团队面临的主要挑战在于电池材料的选择。为了在成本和安全性之间取得平衡,团队自行研发了一套程序,用以对比、筛选和分析千万种材料。在后期阶段,团队将结果中可行性较强的材料进行了多次的试验,最终选择了稳定且性价比高的铁元素作为电池的主要材料。同时,为了解决电池的安全性问题,孟锦涛和团队成员大胆假设,小心求证。他们选用了全液态的架构,并在其中溶解了铁基材料,摒弃了主流电池的固态结构。此外,他们还采用更为安全的水性电解液替代了有机电解液,成功规避了锂电池常见的爆燃隐患,为安全储能领域提供了崭新的解决方案。

巨安储能团队

在科技创新的浪潮中,巨安储能如同一艘乘风破浪的巨轮,从学术的浅滩驶向了产业的深海。它的成长轨迹,如同一曲激昂的交响乐,每一个音符都记录着团队的努力和智慧。从普通的课题组到一家科技创新企业，在巨安储能的发展历程中，它不仅创造了令人瞩目的业绩，更构筑了一个充满激情与奋斗精神的团队文化——要有敢于探索未知领域的创新精神，也要始终坚信自己所从事的领域能够为国计民生做出贡献。也正是这种信念和使命感，让巨安储能的团队在面临困难和挑战时能够始终保持着高昂的斗志和坚定的信念。

未来展望：探索为源，突破为标

自2023年起，巨安储能便踏上了产业化发展的新征程，全力推进"双万"工程——即万台电堆和万吨电解液的自动化生产线。这一重要举措不仅标志着公司在技术和生产能力上的巨大飞跃，也为未来的市场扩张奠定了坚实基础。

在市场合作方面，巨安储能与众多能源领域的央企、国企建立了广泛的合作关系，其中包括中国广核集团有限公司（简称中广核）、中国电力建设集团有限公司（简称中电建）和湖北省新能源有限公司（简称湖北新能源）等重量级企业。五个与这些企业合作的新型储能电站项目已成功纳入湖北省2023年新型储能电站试点示范项目名单，第一期的总规模超过240 MW/680 MWh。这些项目的成功合作不仅证明了巨安储能产品的卓越性能和市场竞争力，也为公司在储能行业中的领导地位提供了有力支撑。

与此同时，巨安储能也在用户侧取得了显著进展。湖北省黄石市华创科技园发展有限公司的80 kW/80 kWh储能示范项目已于2022年12月正式投入使用，整体项目规模更是达到了1 MW/4 MWh。这一项目的成功投运不仅为巨安储能的产品提供了实地验证，也为公司在用户侧市场的拓展提供了有力支持。

在技术研发和知识产权保护方面，巨安储能同样成果斐然。公司已经实现了从产品端到电解液、电堆系统和电池管理系统的全面覆盖，并构建了完整的知识产权体系。此外，巨安储能还获得了一系列包括美国在内的专利授权，这为公司未来的技术创新和市场竞争提供了有力保障。

展望未来，巨安储能将继续致力于大规模储能系统的开发和应用。孟锦涛表示："标准化的模块化设计是实现大规模储能的最佳方式。"目前，巨安储能已逐步开发了 250 kW、1.25 MW 级的模块化储能系统，并接到了 50 MW 和百兆瓦级系统项目。公司采用模块化布局，包括平铺式和上下堆叠式架构，以满足不同项目的需求。

值得一提的是，巨安储能自主研发的"铁基液流储能系统"技术及其依托工程中广核公安县铁基液流储能电站、中电建英山县铁基液流储能电站，被正式列入《第三批能源领域首台（套）重大技术装备（项目）名单》，并得到了湖北省示范项目的支持。孟锦涛透露："我们将与中广核、中电建和湖北新能源公司合作，陆续开展总计大约 600 MW 的项目。这是一个庞大的体量，需要整个产业链的支持。我们会不断扩大生产能力，满足产品交付的需求。"这一宏伟蓝图不仅展现了巨安储能对未来市场的信心和决心，也为公司在储能行业的持续创新和领导地位提供了强大动力。

在科技飞速发展的时代，巨安储能正以其独特的视角和坚定的信念，勾画着储能行业的未来。孟锦涛作为这支创新团队的灵魂人物，不仅关注技术的突破，更着眼于如何将这些技术应用到更广阔的领域，为更多人带来福祉。在孟锦涛的规划中，他们的技术不仅要在东部、中部地区大放异彩，更要深入到新疆、西藏等极端气候地区，为当地人民的生活带来实质性的改变。这些地区由于地理位置和气候条件的限制，一直面临着照明、取暖、烧水、做饭等基本生活不便的问题。如果巨安储能的技术能够在这些地区稳定、高效地运行，将极大地提高当地人民的生活质量。

孟锦涛和他的团队正用实际行动诠释着"科技创新改善生活"的理念。他们不仅关注技术的创新，更关心这些技术如何真正为人民服务，为社会带来实实在在的好处。在未来的日子里，巨安储能将继续以其领先的技术和卓越的团队，为储能行业的发展和偏远地区人民的生活带来更多可能性。

"材料强国"：材料为基，科学为骨

在科技飞速发展的今天，"材料强国"这一热词逐渐崭露头角。孟锦涛作为储能领域的佼佼者，对此有着深入的思考和见解。他认为材料学科既具有基础学科的性质，也属于应用学科。研发的新材料能够广泛应用于民生、航天航空等关键战略行业，对国家战略的实施至关重要。

尽管近年来有"生化环材，四大天坑"的说法，让许多学子对材料专业望而却步，但孟锦涛认为这种说法并不合理。"其实说'生化环材'是所谓的'天坑'是什么意思呢？大家无非就是觉得这几个专业的学生毕业后的就业工资不高，或者找不到工作，其实行业并不是决定性的因素。在我的印象中，我读大学的时候，国内的贸易和机械行业发展得更快一些，但是当时的生物医药这个行业不是非常的景气。可是随着社会的发展，现在的生物医药、新材料、新能源等产业已经成为一些地区或者说一个省份的关键支柱产业。所以说所谓'天坑'，其实跟整个国家产业链的提升、优化，有一定的关系。"孟锦涛强调，个人的成就并不完全取决于行业，而是要看你在这个领域里能够达到的高度。"我觉得我们现在已经不需要再忧虑'生化环材'的问题了，比如说上海和其他一些金融都市，这些地方现在很缺少'生化环材'的毕业生，因为很多投资产业都需要有这些专业背景的学生去做产业分析。"

回顾自己的创业之路，孟锦涛感谢华中科技大学材料科学与工程学院对大学生创业创新知识的培养。"其实，当时我一开始也没有想过要成立企业，但是通过学校里的这种创新创业的培训，还有参加'互联网＋''挑战杯'这样的赛事，我发现自己对创建一个企业很感兴趣。"孟锦涛坦言，"并且这本身符合市场的需求。一定是因为市场有需求所以才去创业，如果只是纯粹做了一个新的东西或者是新的材料——就像当年的石墨烯，石墨烯的开发如果一开始没有找准市场的需求，那很多企业的运行都会很艰难。如果当一个学材料的人有了市场思维的时候，那这个人的目标就会非常清晰，他对未来技术演进的路线就会了然于胸。"

寄语学子：智慧为剑，勇气为盾

"路漫漫其修远兮，吾将上下而求索。"孟锦涛希望华中科技大学材料科学与工程学院的学子们能有一个清晰的目标，那个目标就如同航海者的指南针，虽初始时可能摇摆不定，但只要坚定前行，终会找到属于自己的航道。这便是"知行合一"的智慧,行走在路上,不断磨砺自己、提升自己。

追求卓越破万难,"材料强国"梦不息。在强国建设的舞台上,材料学子们肩负着重大的历史使命。他们以智慧为火,熔铸着每一次实验的希望;以汗水为墨,书写着每一次研究的辉煌。愿材料学子们携手共进,以智慧和勇气,书写新时代的辉煌篇章。

"陈"心科研,勇"丹"使命

——材料科学与工程学院优秀校友陈丹专访

陈丹，华中科技大学材料科学与工程学院数字化材料成形专业2018级博士研究生。在周华民老师和王云明老师的指导下，她开始了高分子材料制备及微纳制造技术的研究。

她一直奋战在科研一线，取得了丰硕的成果：在 *Advanced Materials* 等权威期刊合著发表论文14篇，其中第一作者SCI论文8篇、封面论文5篇，累计影响因子超过75项，授权发明专利3项；作为核心成员先后参与国家级科研项目、校企联合项目5项等。

兴趣所致，勤学笃行

陈丹与材料学的故事要从2014年讲起。2014年，16岁的陈丹考入华科大经济学院。经过半个学期的学习后，陈丹发现自己似乎对工科更感兴趣，她喜欢观察生活中的各种现象，喜欢自己动手捣鼓各种小玩意。后来，她了解到材料科学与工程学院的相关专业主要研究各类材料的组成及结构，并制成具有一定实用性和经济价值的材料和零件，所以她决定在2015年转入材料科学与工程学院学习。

力学如力耕，勤惰尔自知。转入材料科学与工程学院后，陈丹选择了材料成型及控制工程专业，当时她对理论力学、机械原理等基础课程产生了浓厚的兴趣。学院老师的生动讲解，让她愈加感受到材料学的魅力，尤其是金属学与热处理和材料成型理论基础这两门课给陈丹留下了深刻的印象。有了兴趣的支撑，陈丹全身心地投入到了材料学的学习中。在两年刻苦自律地学习后，陈丹的成绩也从一开始年级的下游提升至上游。

学习之余，陈丹还利用课外时间参加大学生创业项目。在大学生创业项目中，陈丹学习到了许多经验和知识，随着对实验操作步骤的愈加熟练，她的求知欲也愈发强烈，愈发感受到了材料学的魅力所在。参加这次创业项目的经历，也让陈丹收获了宝贵的朋友之情、师生之谊，项目的指导老师——周华民老师后来也成了陈丹的博士生导师。"周老师耐心细致的指导让我从创业项目中学到了很多课本上学不到的东西。"陈丹说。

学习新知识、探索新领域让陈丹感觉非常充实，也让她对继续深造有了更坚定的信心。白驹过隙，经过四年的学习，陈丹对材料领域有了更深入的了解，她说："人类文明发展史就是一部如何更好地利用材料和创造材料的历史，材料的不断创新和发展，也极大地推动了社会经济的发展，我想在这个领域继续自己的研究。"于是，在2018年本科毕业后，陈丹步履从容，毅然选择了直接攻读博士学位。

初露锋芒，潜心科研

2018年，陈丹进入课题组后，恰逢导师的国家级重点项目审批通过，她跟着进组做项目，分配的课题是项目的难点之一——聚合物光学器件微结构调控，这个课题主要攻克应用于高精密光学元件的材料中存在的光学畸变和双折射难题，是个综合了材料合成、化学工程、加工和数学模拟等多学科的交叉课题。这对当时初出茅庐且本科方向也不太契合的陈丹来说可谓是一座大山，她为此需要学习很多基础的实验操作和理论知识。

十年磨一剑，漫长的入门过程给陈丹带来了稳扎稳打的基础。在这个过程中，陈丹总结了自己的学习方法：第一，高效的论文阅读和出色的文献归纳能力是开展科学研究的基本技能和重要技巧；第二，在做科研的过程中，需要明确目标，以目标为导向；第三，要对自己的课题保持专注力，认真地学习和理解基础知识，打好基础才能在处理各类问题时得心应手。

刚进入实验室时，导师王云明给每个同学发了一个实验记录本，用来记录每次实验的操作步骤、现象、出现的问题和解决思路等。"我非常感激王老师的严格要求,"陈丹说,"我现在翻开当时的实验记录还能清晰地回忆起当时每天的实验操作流程和细节。"正是王云明老师的这一个小举动,让陈丹养成了受益一生的好习惯:这不只是简单地记录,更重要的是,它帮助陈丹把自己的思维整理得更加清晰,让思维"可视化"。

实验室中的陈丹

然而刚开始的博士生活还是给了陈丹一记重击。"当时我连续做了118天的实验,一直没有获得预期的效果。"陈丹说,"我本来是一个很怕黑的人,深夜一个人在实验室,能听到自己咚咚咚的心跳声。"一直没有获得预期的实验结果让陈丹感觉自己像在黑暗的海洋上行驶的孤独船只,随时会迷路,会被重重海浪卷裹进深海中。然而,对实验的坚持远远超过了她对黑暗的恐惧,陈丹咬着牙克服重重阻碍。在实验过程中,她不断和导师沟通交流,调整课题方向和实验方案。经过大量查阅文献和探讨交流,不断改进实验方案和模具设计,最终,她成功突破了大曲率精密镜片成形的技术瓶颈。产品光学性能较世界高端商业品牌(德国蔡司和法国依视路)提高了一个数量级。此外,这个新工艺已被验证可用于航空航天领域精密光学元件的生产。

"当时我每天在实验室工作,首先要根据前一天的实验现象查找文献,寻找可能的解决办法,接着拟定当天的实验方案,然后按照实验方案,记录实际的实验操作步骤和结果。"陈丹讲述着她的实验室生活,"为了保证实验的可重复性,每一步操作都需要记录详细,观察具体的实验现象,当一整天的实验结束后,再根据当天的实验现象列出可能存在的问题。"实验室的生活相当枯燥无味,日复一日地做实验,日复一日地得到不理想的结果……在旁人眼里实在没什么趣味,但在陈丹心中,探索未知的欲望超越了实验室生活的单调乏味,她甘之如饴。

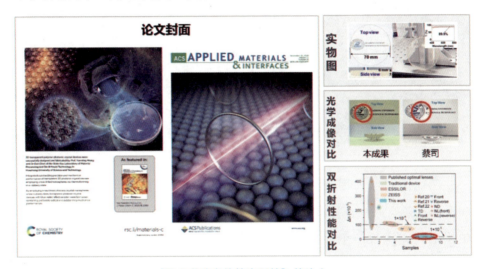

《无光学畸变的精密透镜》的论文

"有时会回头想想那时的自己,那时候我的脑中会时刻想着问题停不下来,会因为一遍遍地斟酌如何写下证明睡不好觉。"陈丹回忆。实验的成功也离不开导师们的帮助:指引方向、给予信心,鼓励她做科研就要有"咬定青山不放松"的韧劲。在做实验、看文献之余,陈丹也会和导师、同学交流或是上网检索其他学者的观点、方法,"这些也都是拨云见日的方法,思维的碰撞总是能够带来一些火花。"陈丹说,这让她在一次又一次的灰心中重拾了对课题的热情。

科研是不断探索的过程，很多时候，我们无法知道接下来的路具体该怎么走，就如同知道起点和终点，但是如何从起点走到终点，是充满迷雾且未知的。在持续118天的实验中，陈丹提到，她经常做实验到深夜，那段日子里，每每走出实验室，转身仰望，一间间亮灯的屋子就像星星一样照亮了自己前行的路。

逆境低谷，绝地反击

获得理想的实验成果之后，陈丹将数据整理成论文开始投稿——这是她博士阶段的第一篇论文。怀着对科研的敬畏之心，陈丹非常用心地打磨每一个词、每一句话，即便在生病住院期间，她还在病床上支着小桌子修改论文细节。这篇文章在投稿前已经修改了不下几十个版本——具体次数陈丹已经记不清了，当导师终于同意投稿时，她信心满满地将论文投稿到国际顶级期刊 Nature Photonics 上，但17天后，等来的却是拒稿的邮件。"当时感觉就像一盆冷水浇在头上。"陈丹说。

经历了第一次拒稿，陈丹并没有气馁，她继续寻找合适的期刊投稿。第二次，第三次……第十次，每次点开邮箱，她都非常紧张。甚至为了逃避被拒的挫败感，她会在修改好论文后拖延几天再投稿。从信心满满到论文第一次被拒绝的失落，到再次修改投稿的忐忑，再到论文多次被拒的麻木，陈丹几度陷入了自我怀疑：到底自己适不适合做科研？是不是只有自己的论文被拒了这么多次？是不是永远也没办法成功发表自己的论文？

从2019年8月到2020年7月，将近一年的时间里，陈丹被拒稿20多次。她一遍遍照着评审的意见修改，即便很多次评审的意见都是矛盾冲突的，这次改过来下次又改回去，更不用说每次为了符合格式要求，小心翼翼地调整行距、边距这些乏味的细节……但也是在这将近一年的不断被拒稿的时间里，老师和同学们给予了她很多帮助：他们积极帮助她修改论文，讨论如何搭建框架，怎样更合理地安排证明结构，让证明简洁漂亮，更吸引审稿人。"有次是师兄跟我说，只要一篇论文能有逻辑地写出创新点，就一定能投稿到期刊上。"陈丹说，师兄坚定的眼神给了她坚持下去的勇气，也是靠着这句话，她一直不停地修改、完善论文的逻辑结构。

"让人痛苦的经历一定会让人成长。"周华民老师说。导师们也会开导陈丹，跟她讲述他们申请项目的经历。"那时我才知道导师们也和我们一样，同样经历着项目申请屡屡被拒的煎熬。"陈丹说，导师们百折不挠、永不言弃的精神给了她更多的激励和支撑。并且，即使论文屡屡被拒，导师也一直鼓励她开展对下一个课题的研究，她按照既定的思路继续攻克难题，获得了不错的成果，实验上的进展也给了陈丹继续前进的动力。

实验室融洽的氛围也是激励着陈丹坚持下来的重要原因。她偶尔和实验室的同学聊到科研的压力，大家都会加入进来大大方方地讲述自己遇到的困难。适当的情绪发泄给了陈丹正面的力量，每个人都在努力往前冲破困难。大家勇往直前、不服输的那股劲儿让她又对学术燃起了热情。

导师的鼓励、师兄的经验、同学的安慰……实验室的点点滴滴都激励着陈丹前行。尽管被拒稿20多次很痛苦，但她一直记得周华民老师对她说的那句话"让人痛苦的经历一定会让人成长"，这段经历让她的内心变得更加强大。如同经济行业的"触底反弹"一般,虽然人生会有低谷期,但人从低谷走出来后,不管前方如何,一定会是上坡路。将论文重新打磨修改后,终于收到了论文被接收消息的那一刻,她觉得自己所有的坚持都是值得的。

华科大高分子材料成形团队合照

陈丹这样总结自己这段漫长、坎坷但又收获满满的经历:从事科学研究应该有探索未知的好奇心,并以此为驱动力,做自己感兴趣的研究。科研的过程艰辛而漫长,结果也往往难以预测,唯有好奇心能让我们在坎坷的路途上坚持不懈、乐此不疲。在这个过程中我们要能坐得住"冷板凳",每个人在做科研的过程中都会有失意的时候,也会遇到挫折。从事科研就不能给自己设限,我们做得越多,学得也就越多,进而能够做得更好,也就更加愿意去做,这在无形中构成一个正反馈,使科研本身变成了一种乐趣。

守正创新，脚丈大地

2020年初，突如其来的新型冠状病毒感染疫情打乱了所有人的节奏。在疫情暴发初期，口罩需求量大，产能跟不上，据统计，当时口罩缺口高达每天3亿只，部分奋战在一线的医务人员也因缺乏防护而感染新型冠状病毒。身处疫情中心的周华民老师、王云明老师立即聚焦防护用品的重大需求，紧急召集研究人员进行技术研发。意识到医疗防护物资对抗击疫情的重要性，陈丹没有丝毫犹豫，当即参与了这个紧急而光荣的攻关项目，作为团队的主要成员来到了国内医疗耗材龙头企业——河南驼人医疗器械集团有限公司（简称驼人集团）。

"把论文写在祖国大地，把学问写进群众心头。"陈丹始终坚信，科研的价值在于服务社会的实际需求。口罩是抗击疫情的重要武器之一，她将李德群院士"敢于竞争，善于转化"的寄语铭记在心，越发感到身上的担子沉甸甸的。时间紧、任务重，在4个月不停歇地实验后，她带着实验成果奔赴驼人集团，融合实验室和生产线的特点，组织实验成果落地，让工厂可以迅速开展大批量生产。

经过夜以继日的实验和论证，陈丹和团队成员改进了传统口罩的材料配方和熔喷工艺，成功研制新型口罩。当得知他们研发的新型口罩被选作2022春节联欢晚会指定口罩时，陈丹说："当时非常激动，有一种努力过后得到回报的满足感，这就是我做科研的初心。"

"陈"心科研，勇"丹"使命

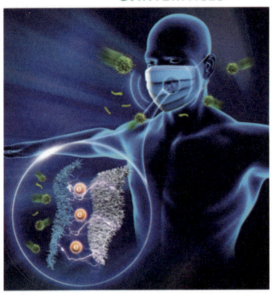

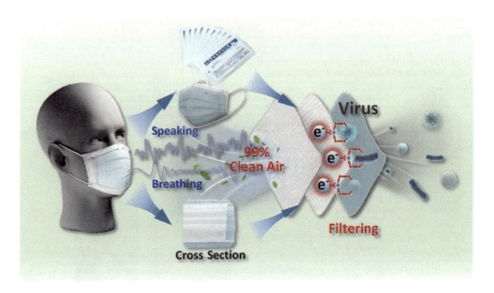

《自发电熔喷布》论文

高通运动口罩的应用证明

中央广播电视总台授权驼人集团"2022年《春节联欢晚会》健康守护官"称号的授权书

党的二十大报告着重提到科教兴国战略，强化现代化建设人才支撑，强调"必须坚持科技是第一生产力、人才是第一资源、创新是第一动力"。谈及青年如何做到从理论走向实践的科研人才的蜕变，陈丹说："在学习二十大报告时，我对以下三个方面有了新的理解和认识。一是进一步领会了新时代、新征程下党的使命任务就是团结带领全国各族人民全面建成社会主义现代化强国、实现第二个百年奋斗目标，以中国式现代化全面推进中华民族伟大复兴。这是一项伟大而艰巨的事业，前途光明，任重道远。我们每一位普通党员都是为之奋斗的一员。二是进一步领会了经济社会建设等一系列重大部署。让我特别关注的是关于'推动战略性新兴产业融合集群发展，构建新一代信息技术、人工智能、生物技术、新能源、新材料、高端装备、绿色环保等一批新的增长引擎'的部署，这为我们材料专业提供了历史性机遇和更大的舞台。三是进一步领会了教育科技人才的基础性、战略性支撑作用。"

全校学习党的二十大报告现场照片（一）

全校学习党的二十大报告现场照片（二）

陈丹坦言，自己作为一名走在创新路上的博士研究生，深受鼓舞，信心十足。"作为新时代的年轻人，身处伟大的时代，生逢其时，应当坚定不移地听党的话、跟党走，立志做有理想、敢担当、能吃苦、肯奋斗的科技创新工作者。"

当前全球新一轮科技革命和产业变革方兴未艾，新材料领域创新的复杂性高、难度大，聚焦国家急迫需要和长远需求的新材料，解决从0到1的原创性问题，实现关键材料自主保供，显得愈发重要。

道阻且长，行则将至

长风破浪会有时,直挂云帆济沧海。青年要成长为国家栋梁之材，既要读万卷书，又要行万里路。在这条路上，总会遇到大大小小的挫折与失败，应当"善于转化，敢于竞争"，用积极的态度去面对所有的挑战与困难，并将其转化成继续前进的动力。青年是社会上最富活力、最具创造性的群体，理应站在创新创业路上的最前列。要在掌握专业知识和技能基础上，不断学习新思想、新理论，积极挖掘生活的实质内涵，并将青年的智慧和力量转化为全面建设社会主义现代化国家的生动实践。

陈丹在华科大材料科学与工程学院70周年院史图片展上

目前是陈丹博士阶段的第五年。"我将始终在摸索实践中寻找青春理想，在磨砺专业技能中放眼社会现实，也在拼搏奋斗中坚定使命责任。"陈丹说，"我做好了充分的准备，愿用毕生所学，扎根科研第一线，为加快推进我国新材料产业发展奉献我的力量。"